COCO.

COCO.

Dessin :
© Coco
pour *Une lettre de l'Est*,
2025

Inna Shevchenko

Une lettre de l'Est

Voix plurielle des femmes ukrainiennes

des femmes
Antoinette Fouque

À Ruzia, Maria, Olha, Yuliia, et Arina.
À mon arrière-grand-mère, ma grand-mère, ma mère, ma sœur, et ma fille.
À ces générations d'Ukrainiennes qui ont souffert, lutté, survécu.
À celles qui, enracinées dans cette terre ukrainienne, où qu'elles soient aujourd'hui, portent en elles la force de faire fleurir l'Ukraine, même sous les cendres, même face à la brutalité de l'Histoire.
À toutes celles et ceux qui, aujourd'hui, portent l'Ukraine dans leurs armes et dans leurs âmes.
À toutes celles qui ont ouvert leur cœur et partagé leur récit, dévoilant l'invisible de cette guerre.
Recevez mon admiration infinie, ma gratitude silencieuse, et ce livre comme un fragment de votre courage.

Рузі, Марії, Ользі, Юлії та Аріні –
Моїй прабабусі, бабусі, моїй матері, сестрі та моїй доньці.
Усім поколінням українок, які страждали, боролися, виживали.
Тим, хто вкорінені у рідну українську землю, і тим, хто, де б вони не були сьогодні, носять Україну у своєму серці – навіть серед попелу, навіть перед жорстокістю Історії.
Усім тим, хто відкрив свої серця і поділився зі мною своїми історіями, розкриваючи невидиме цієї війни.
Прийміть моє безмежне захоплення, мою мовчазну вдячність і цю книгу як частočку вашої відваги.

Ces récits trouvent leur source dans les témoignages des femmes ukrainiennes que j'ai rencontrées et écoutées. Ce livre existe grâce à leur courage, leur force et leur volonté de mettre des mots sur l'indicible. Leur voix, leurs histoires et leur résilience m'ont guidée à chaque étape de l'écriture. Ce livre porte en lui une part de leur vérité et de leur lutte.

Avec gratitude et respect,

Ania Tatou
Anna Maksymova
Deni
Halyna Fedychyn
Kateryna (de Chornobaïvka)
Mariana Checheliuk
Mariana Groza
Mariia Basarab
Mariia Stohniy
Nadia (de Kherson)
Natalia (de Kakhovka)
Oleksandra Matviichuk
Olena Gerasymenko
Olena Matviienko
Olena Rizh

Olena Shevchenko
Olesia Lazarenko
Olha Shevchenko
Ruslana Nutsa
Siaivo
Svitlana Damasquin
Valentina Basmanova
Valeriia Lukianenko
Viktoria Stepanenko
Viktoria Zubkova
Viktoria (infirmière de l'hôpital Okhmatdyt)
Yana Zalevska (« Multyk »)
Yuliia Poliuhanich
… et celles qui ont préféré rester anonymes.

Sur la couverture de ce livre figure Yana Zalevska, surnommée « Multyk », pilote de drones FPV dans la 59e brigade motorisée distincte, nommée ainsi en l'honneur de Yakiv Handziuk.

Gloire à l'Ukraine, gloire aux héros, gloire aux héroïnes !
Слава Україні! Героям Слава! Героїням Слава!

NOTE DE L'AUTRICE

Et le temps passe… Il se moque bien que quelqu'un pleure, que quelqu'un meure, ou que quelqu'un lutte contre le désespoir.

Lina Kostenko,
poétesse ukrainienne, figure des « Shistdesyatnyky »,
persécutée sous l'Union soviétique pour sa
défense de la culture ukrainienne.

Ceci est une voix venue de l'Est – une voix surgie des décombres du silence et de la fureur, une voix faite de cendres et de souffle, une voix qui refuse l'oubli. *Une lettre de l'Est* n'est pas un récit des événements en Ukraine. C'est une terre qui crie, un corps meurtri qui persiste, une révolte obstinée contre l'effacement. Ce texte est un cri des vies qu'on a tenté d'éteindre, mais qui, comme un obus qui transperce le silence, éclatent pour exister.

Depuis les premiers jours de l'invasion russe à grande échelle, le 24 février 2022, j'ai recueilli les éclats de vies brisées par la violence. Ce témoignage a pris racine dans ma propre maison, à Kherson, là où ma famille a été précipitée dans l'horreur sans le moindre avertissement. Les premières voix qui m'ont habitée étaient celles de ma mère, de ma sœur, de ma grand-mère. Puis d'autres sont venues – des femmes évoquées par leurs récits, sur les routes de l'exil ou à l'ombre des ruines. Civiles, soignantes, soldates, prisonnières de guerre : certaines défendent la patrie, d'autres pansent les plaies, et d'autres encore survivent aux tortures du cachot. J'ai rassemblé ces récits en une seule voix – un souffle insoumis. Ce récit pourrait appartenir à une femme, ou à des milliers.

Dans une autre vie, je rêvais de défendre la liberté avec des mots inscrits sur ma peau. L'Ukraine, alors, était une promesse – fragile, imparfaite mais lumineuse, une démocratie naissante que je croyais capable de changer le cours de l'histoire. Mais cette promesse, comme tant d'autres dans notre passé, s'est brisée sous le poids implacable de l'impérialisme russe. Face à la répression, j'ai quitté l'Ukraine pour continuer la lutte en exil. Aujourd'hui, la guerre russe a transformé mon pays et nos vies en champ de bataille. Chaque jour, des innocents meurent, emportant avec eux des fragments d'humanité. Cette guerre n'a rien d'une dispute territoriale ou d'un conflit de frontières. C'est une guerre menée contre la liberté, une attaque féroce contre le droit d'un peuple à forger son propre destin. La Russie ne redoute pas l'OTAN ; elle redoute qu'à ses frontières s'élève l'exemple vibrant d'un peuple libre et debout.

Ce livre est une fiction, mais chaque mot qu'il contient est ancré dans le réel. Les paroles de cette héroïne imaginaire ont été prononcées par des femmes bien réelles, qui se battent encore aujourd'hui pour leur survie, leur famille, leur patrie. Ce texte est une mémoire collective féminine, une mosaïque de douleur, de résilience, et d'espoir farouche. C'est le cri d'un peuple qui refuse de disparaître, une identité indissociable de chaque parcelle de cette terre blessée.

Ici, vous entendrez les récits de femmes qui luttent – non par choix, mais parce que la survie l'exige. Vous découvrirez ce que signifie la guerre. Et, page après page, vous sentirez cette distance – celle que vous vous êtes peut-être imposée par ignorance, par peur ou par instinct de préservation – s'effondrer. Ces femmes pansent des plaies, sauvent des vies, défendent la liberté. Dans leurs mots, dans leurs silences, dans leurs blessures, elles portent l'essence de cette guerre – une guerre d'hommes, que les femmes endurent, supportent et comprennent dans toute sa profondeur.

Vous ne trouverez ici ni consolation, ni victoire facile. Seulement une vérité brute, une mémoire ardente. Ce livre est une lettre, un cri, une déclaration d'insoumission. C'est la guerre racontée par celles qui la vivent, et c'est la guerre qu'elles jurent de voir finir.

Tournez ces pages. Laissez leurs mots s'ancrer en vous, comme un éclat de missile brisant la paix, laissant une empreinte dans votre esprit. Car dans leur résistance, dans leurs voix, explose notre combat partagé — et peut-être l'espoir indélébile d'un avenir libre et digne.

CHAPITRE I
LETTRES DE LA TERRE RAVAGÉE

Fenêtre

Le premier son de la guerre n'a pas été celui des bombes. C'était la voix de mon père au téléphone, tremblante, brute. « La ville est bombardée », a-t-il dit, ses mots s'échappant comme des braises, précipités, désespérés, presque brûlés. Seule dans ma cuisine, baignée par la lumière d'un lever de soleil d'hiver, j'ai senti une fracture invisible se former sous mes pieds, le sol se dérobait déjà. J'essayais de séparer ses mots du grondement des explosions, de me concentrer, mais les tremblements de mon propre corps floutaient tout, comme si mon esprit lui-même cherchait à fuir la réalité. « On ne sait pas comment quitter Kharkiv pour te rejoindre à Kherson[1]. Les missiles sont partout. » J'ai entendu une frappe, son impact a résonné, la ligne a grésillé avant que l'appel ne sombre dans un silence assourdissant.

[1] Kherson est une ville du Sud de l'Ukraine, située près de la mer Noire. En 2022, elle est devenue l'une des premières villes occupées par les forces russes au début de l'invasion, marquant un symbole important de la résistance ukrainienne. Sa libération a été un moment critique dans la reconquête ukrainienne.

Dans ce silence, quelque chose s'est brisé. L'air s'est épaissi, suspendu, comme s'il contenait une violence encore muette, prête à éclater. J'ai regardé la table. L'assiette de сирники, *syrnyky*[2], que j'avais préparée la veille, y reposait encore, comme un vestige fragile d'un matin que je ne retrouverais jamais. C'était censé être une surprise pour ma fille avant que je l'emmène à l'école maternelle, où elle jouerait, rirait, avant que je parte travailler à l'hôpital pédiatrique pour vacciner des enfants, comme tous les jours. Et après le travail, je récupérerais ma Solomiya, et nous irions voir un spectacle au théâtre de marionnettes de Kherson, puis nous arrêterions dans notre café préféré pour manger un gâteau Napoléon[3]. Cependant le monde avait changé en un appel, et le silence était devenu autre chose : un vide qui avalait tout ce qui m'était familier.

Puis l'air s'est déchiré au-dessus de moi. Un avion de guerre hurlait, un son si aigu qu'il a transpercé l'aube. Ce n'était pas juste un bruit ; c'était une déchirure dans le ciel, un cri mécanique qui effaçait tout sentiment de sécurité. Instinctivement, j'ai pressé mes mains sur le bois froid de la table, m'y suis accrochée comme si ce geste absurde pouvait contenir un monde qui se disloquait. Mais même la table frémissait, comme si elle aussi pressentait la fin de quelque chose.

Des petits pas rapides ont interrompu mes pensées – ceux de ma fille dans le couloir, chacun d'eux me rappelait tout ce que je risquais de perdre. Solomiya est apparue, serrant sa couverture, les yeux grands ouverts, et s'est blottie contre moi lorsque je l'ai prise dans mes bras. Son regard posait une question muette, pleine d'une innocence si brutale qu'elle m'a brisée : Sommes-nous en sécurité ? Son innocence, sa confiance – des choses que j'avais prises pour acquises – me semblaient maintenant fragiles, comme cette fenêtre devant moi, derrière laquelle se trouvait désormais la guerre.

[2] Les *syrnyky* sont des beignets ukrainiens à base de fromage blanc, souvent servis au petit-déjeuner ou en dessert. Ce plat est emblématique de la cuisine ukrainienne, évoquant des souvenirs d'enfance.

[3] Un gâteau feuilleté à la crème, populaire dans les pays d'Europe de l'Est, similaire au millefeuille français.

C'est dans ses yeux que j'ai vu les premières véritables images de la guerre – pas les décombres ni le feu, mais l'angoisse silencieuse d'une enfant, réclamant ce que je ne pouvais plus lui offrir : un monde intact. Ses petits doigts s'accrochaient à mon épaule, pourtant la seule chose que j'étais en mesure de lui offrir était une étreinte tremblante. Autour de moi, les visages étaient déformés par la même peur. Les gens que j'aimais me hantaient déjà – leurs expressions tordues, non par la douleur, mais par une horreur si nouvelle qu'elle n'était même pas encore devenue tristesse.

À l'extérieur, par-delà la fenêtre, la panique devenait une chose vivante. Elle rampait dans les rues, imprégnait chaque regard, chaque pas hésitant, chaque souffle retenu. Voisins, inconnus, nous avancions ensemble, emportés par un courant glacé de terreur, un instinct de fuite bien que nous ne sachions pas où aller.

Dans ces premiers instants, tout semblait irréel. J'avançais machinalement, comme si je refusais de croire que la guerre avait frappé ma ville, mon foyer. Mon premier réflexe a été d'appliquer du scotch sur les fenêtres, traçant ce motif en étoile des tutoriels internet vus quelques jours plus tôt. Cela me paraissait alors lointain, presque risible, une précaution pour une autre vie que la mienne. Mais maintenant, ce scotch devenait une fragile armure contre l'invisible, une tentative désespérée de reconstruire une frontière entre nous et l'horreur. Que fait une mère seule quand la guerre commence ? C'était une question que je ne m'étais jamais posée, le genre de question qui fait éclater la normalité. Un message de ma sœur, qui était à l'étranger, loin d'ici, est arrivé. Ses mots, pragmatiques, secouaient ma paralysie. « C'est la vraie guerre. Crois-moi maintenant. Va au supermarché tout de suite ! » Son urgence m'a sortie de ma torpeur. J'ai enveloppé Solomiya dans son manteau, et nous avons rejoint la foule, animées du même but silencieux.

Au supermarché, les files d'attente s'allongeaient, et les rayons étaient déjà vides. Les produits essentiels – pain, médicaments, eau – disparaissaient sous mes yeux, comme si nos vies, si sûres hier, n'avaient été qu'une illusion. La guerre s'infiltrait dans notre monde, non seulement par les bombes mais par ces absences, chaque rayon vide marquant une avancée vers une réalité inconcevable. Je me suis frayé un chemin dans les allées, poussant mon enfant dans sa poussette. Hier, dans ce lieu familier, je choisissais des douceurs pour elle. Aujourd'hui, c'est une coquille vide, dépourvue de tout réconfort. J'ai pris ce que j'ai pu : des conserves, un sac de riz, un paquet de pâtes, un demi-sac de farine déjà déchiré. À la caisse, dans la file la plus longue que j'aie jamais vue, je tenais fermement deux bouteilles d'eau, mes doigts crispés autour comme s'il s'agissait de bouées de sauvetage. Puis un inconnu, le visage tordu par le désespoir, a tendu la main vers elles, ses doigts tentant de me les arracher. Une panique brute est montée en moi. J'ai riposté, en criant, une partie de ma personnalité dont j'ignorais l'existence a pris le dessus, mon étreinte plus ferme que jamais. Il s'est enfui en emportant ce qu'il pouvait. Je restais tremblante, sentant que la guerre ne se contentait pas d'anéantir les murs ou les rues, mais qu'elle nous transformait, lentement, en ombres désespérées et méconnaissables.

Tout ce qui m'était familier devenait étrange. En apparence, le monde paraissait identique, pourtant ce n'était plus le cas ; un rideau s'était levé, révélant un paysage plus sombre et plus brutal. Les mots de mon père, le cri de l'avion, l'avertissement de ma sœur, les petits pas de ma fille – tout se mélangeait en une véritable cacophonie, chaque son marquant le début d'un nouveau chapitre, écrit avec l'encre de la peur.

Tout le monde m'appelait, désespéré de savoir ce qui se passait à Kherson. C'était une des premières villes à subir l'assaut massif des envahisseurs. De mon côté j'avais besoin de quelque chose de plus simple : quelqu'un pour me dire quoi faire. Où courir ? Que faire ? Quelqu'un le sait-il ? J'ai jeté un regard vers mon téléphone, la culpabilité me rongeait – je devrais être au travail, à l'hôpital. Et si on avait besoin de moi ? Alors que le bombardement commençait, les explosions tailladant l'air avec fracas, j'ai senti que nos vies d'hier avaient déjà glissé hors de notre portée.

Mon téléphone a sonné de nouveau. C'était l'homme que j'avais autrefois aimé, le père de ma fille, absent de nos vies depuis notre divorce un an auparavant, hormis pour ses visites à Solomiya qu'il aimait profondément. Sa voix me parvenait tendue d'inquiétude. Il promettait de conduire de Kyiv à Kherson pour nous emmener dans un endroit plus sûr. Je voulais le croire ; pendant un bref instant, j'ai compté sur lui. Jusqu'à ce qu'il assure : « Personne n'attaquera les civils. Une fois que les Russes prendront Kyiv, nous serons tous en sécurité et tout ira bien. » Ses mots sont tombés comme des pierres. J'ai senti quelque chose se briser en moi – la confiance, la foi, la dernière illusion de sécurité.

Tout ira bien ? Nous, les civils, étions attaqués dans nos maisons, dans nos rues, dès les premières heures de l'invasion. Ses mots, étranges et vides, me laissaient stupéfaite. Il était prêt à céder à l'instant où l'ennemi arriverait, comme s'il ne pouvait – ou ne voulait – comprendre ce qui se passait, ce que cela signifiait. Son calme semblait étranger, détaché, comme s'il pensait que rien de tout cela n'avait d'importance – comme si les Russes pouvaient simplement entrer et que la vie continuerait, « en sécurité et tout ira bien ». Mais combien de fois les Russes avaient-ils pris l'Ukraine par la force, et n'avaient laissé derrière eux que l'effacement et la mort ? Je l'ai entendu dire encore quelque chose sur les « nations fraternelles » et mon cœur s'est pincé. De toute façon, lui ne s'était jamais senti ukrainien.

Je devais penser à cet endroit que j'appelle chez moi, à Kherson. Notre ville, notre région, où les champs de tournesols s'étendaient dorés à perte de vue, où les pastèques poussaient énormes et sucrées, célèbres dans tout le pays, et où les lacs salés brillaient, teintés d'un rose unique sous le soleil. La plus longue ligne de forêt d'Ukraine entourait notre ville, comme une gardienne verte et silencieuse, et déployait des parcs animaliers uniques, où les animaux en voie de disparition étaient protégés. Et je pensais aux mers – la mer Noire et la mer d'Azov – qui avaient offert tant de joies d'enfance et d'échappées estivales. C'est chez moi. Je ne m'étais jamais considérée comme une grande patriote, mais là, en cet instant, je l'étais. C'était notre Ukraine, celle qu'ils venaient prendre, avec nous. Kherson n'était pas qu'un point sur une carte. C'était une part de ce que nous étions en tant qu'Ukrainiens. Et je savais que ses paroles, cette disposition à céder, laisseraient une marque indélébile sur mon cœur. Quel que soit l'avenir, je l'affronterais seule.

Notre famille s'était réduite avec cet appel. Elle se résumait à ma fille et moi, ainsi que Tutsi, notre belle chatte persane blanche. Elle était terrifiée et, d'une manière inhabituelle, ne me laissait pas la tenir ; je l'ai trouvée, tremblante sous un oreiller dans le lit de Solomiya, ses grands yeux graves reflétant ma propre peur. Elle était ma compagne d'enfance, cette douce créature qui s'était blottie à mes côtés dans des moments plus calmes. Tutsi n'a pas survécu aux horreurs de ces premières heures. Quelques instants après le début des bombardements, son cœur a simplement lâché. Je l'ai trouvée près de la porte, petite et immobile, comme si elle avait essayé de fuir le bruit incessant, sans trouver de refuge. Je l'ai placée dans un sac à motif floral fané et laissée près de l'ascenseur dans la cage d'escalier – le seul adieu que je pouvais lui offrir. J'ai caché sa mort à Solomiya, je voulais épargner à mon innocente un choc brutal de plus dans le monde fragile que je m'efforçais de maintenir pour elle.

Le poids de tout cela s'est abattu sur moi. J'étais désormais l'ancre de ma fille, sa seule source de sécurité, sa seule protectrice. Moi seule me tenais entre elle et les horreurs qui s'approchaient de nous. Cette pensée m'a terrifiée, elle s'est abattue sur moi comme une lourde pierre. Alors que le cri aigu d'un avion déchirait le ciel au-dessus d'une Kherson encore ukrainienne, ce rôle me semblait insurmontable – un abîme s'ouvrait sous mes pieds. Je ne pouvais même pas me permettre de penser à mes parents, qui tentaient de fuir Kharkiv bombardée sans relâche – je devais être une adulte pour ma fille ici.

Refuge

Dans les semaines qui ont suivi, nous avons couru vers l'abri antibombe dix, peut-être vingt fois par jour, tandis que les immeubles autour de nous tremblaient sous les bombardements. Certains s'effondraient sur eux-mêmes, incapables de résister à la force des frappes. J'emportais ma fille, nous fuyions vers le sous-sol de l'école la plus proche, l'école nº 56 – celle-là même où j'avais rêvé de la voir aller un jour. L'abri était bondé de centaines de personnes, des visages que je connaissais mais reconnaissais à peine, déformés par la peur et l'épuisement. Des familles entières se serraient l'une contre l'autre, parlant peu, leurs voix réduites à des chuchotements de « Ça va s'arrêter », murmurés en de fragiles prières, des voix qui se brisaient sous le poids de l'incertitude. Nous pleurions des larmes silencieuses, d'un type que je n'avais jamais vu auparavant – un silence étouffant, seulement ponctué par des sanglots réprimés. Même les enfants pleuraient sans bruit. J'enveloppais Solomiya dans mes bras, sentant instinctivement son cœur battre, calant sa respiration contre la mienne. Des années à soigner les enfants des autres m'avaient appris l'art du réconfort silencieux, de l'apaisement.

Les bombardements sont devenus incessants, un rythme brutal qui s'insinuait dans nos os. Certaines familles apportaient des matelas et de la nourriture dans le sous-sol, se résignant à cette sombre réalité. Pourtant, quitter cet abri, même vingt fois par jour, était pour moi une ultime illusion de liberté, aussi fragile fût-elle – une manière de me convaincre, et de convaincre peut-être Solomiya aussi, que chaque fois que nous sortions, ce pourrait être la dernière et que nous n'aurions plus à retourner dans cette cave. Je voulais croire qu'aussi longtemps que nous continuions à bouger, aussi longtemps que nous ne nous abandonnions pas totalement à cette vie souterraine, nous pourrions d'une manière ou d'une autre échapper aux ombres qui nous encerclaient. Mais sous cet espoir se nichait une peur plus sombre – celle qu'un jour, ces portes de métal pourraient ne plus s'ouvrir. Que l'ennemi, se rapprochant d'heure en heure, finirait par nous piéger à l'intérieur, nous scellant dans le silence de cette salle souterraine. Ou pire – qu'un obus pourrait frapper l'école elle-même, et que nous serions enterrés vivants, mêlés aux décombres. Ces pensées me rongeaient tandis que je tenais le petit corps tremblant de ma fille, nos cœurs unis avec le grondement lointain des explosions.

La dernière fois que nous avons couru vers l'abri, j'avais vu le bâtiment en face de notre appartement recevoir un impact direct. L'explosion a secoué le sol, une onde de choc qui est remontée le long de mes jambes jusque dans ma poitrine, suivie d'un cri désespéré. Je tenais Solomiya contre moi, le cœur battant, ne pensant qu'à l'étape suivante. À l'intérieur de l'abri, nous avons trouvé une place à côté d'une femme enceinte et de son fils, un garçon un peu plus âgé que Solomiya. J'espérais que les enfants pourraient trouver du réconfort ensemble, qu'ils pourraient même jouer, cependant ils restaient assis, immobiles et mutiques. Je reconnaissais dans leurs yeux les signes du traumatisme, ce regard vide qui s'empare d'un enfant quand la peur devient trop profonde. Mais cette fois, c'était le visage de ma propre fille qui portait ce regard, et je me sentais impuissante à faire autre chose que la serrer pour lui offrir toute la sécurité possible.

À côté de moi, la femme enceinte murmurait doucement, les yeux fixés sur la porte. « Où est-il ? Où est-il ? » Son mari était retourné dans leur appartement pour chercher de l'eau et de la nourriture, afin d'apporter tout ce qu'il pouvait pour sa femme et son enfant, qui n'avaient pas quitté l'abri depuis plus de vingt-quatre heures. Je câlinais Solomiya plus fort, je voulais plus que jamais sentir la chaleur de son petit corps, me rattacher à elle. Pourtant, même cette chaleur était fragile, elle semblait être sur le point de glisser de mes bras à tout moment et de m'échapper, comme si chaque battement de cœur pouvait être le dernier.

Et puis c'est arrivé – une explosion a retenti juste derrière la porte de l'abri, suivie d'un cri perçant, un son si brut et violent qu'il semblait déchirer la trame même de nos êtres. La pièce entière s'est figée, chaque souffle pris dans un étau de choc et de terreur. Le fils de la femme enceinte a bondi, sa petite voix rompant le silence. « Mamie ? », a-t-il murmuré, ses mots tremblant alors qu'il courait vers la porte, la frappant de ses poings. Un frisson glacial s'est enroulé autour de mon cœur, une terreur profonde s'installant en moi. Quelque chose d'impensable s'était produit derrière cette porte – quelque chose que je ne voulais ni savoir ni affronter.

C'est la dernière fois que nous sommes allées dans l'abri. Quand nous en sommes enfin sorties, titubant dans la lumière grise et poussiéreuse, une scène s'est dévoilée devant moi, gravée à jamais dans ma mémoire, une image qui me hanterait toujours. À quelques pas, je l'ai vue : la grand-mère du garçon, agenouillée au sol, rassemblait des morceaux de son fils, le père, le mari, dans un sac-poubelle noir avec un calme terrifiant et détaché. Son visage était sans expression, ses gestes presque mécaniques, son corps paraissait agir sans elle. Son mari se tenait à ses côtés, silencieux et brisé, le regard perdu dans un vide que lui seul pouvait voir. Leur fils n'avait pas eu le temps de revenir auprès de sa femme enceinte et de son fils. L'obus l'avait frappé avant qu'il n'atteigne l'abri, le déchirant sous les yeux de ses parents, les laissant rassembler les restes de sa vie de leurs propres mains dans un sac-poubelle noir. Tandis que nous partions, sa femme enceinte restait dans l'abri, une statue immobile, aveugle et insensible. Le garçon se tenait à côté d'elle, caressant ses cheveux, sans doute sans comprendre pleinement la tragédie qui venait de le frapper.

Une vague de nausée et de chagrin m'a envahie, elle a tordu mon estomac et m'a coupé le souffle. Cette guerre ne se contentait pas de démolir des bâtiments et de briser des vitres ; elle nous démantelait de l'intérieur, emportant les pièces les plus sacrées de nos vies et les réduisant en poussière. Nous restions accrochés à des lambeaux de vies qui ne nous semblaient déjà plus les nôtres, fragments d'un monde qui partait en fumée avec chaque explosion. Nous ne sommes jamais retournées dans l'abri. Alors que nous nous éloignions, la petite main de Solomiya a enserré mes doigts. Elle gardait ses yeux grands ouverts, hagards. Après quelques instants de silence, elle a levé la tête vers moi, j'ai à peine entendu sa voix. « Est-ce qu'il y aura encore des bam-bam ? » C'était une question simple, innocente, mais elle m'a transpercé le cœur comme une lame. Comment pouvais-je lui expliquer que le bam-bam faisait partie de cette nouvelle vie ? Qu'il reviendrait, encore et encore, jusqu'à ce qu'il ne reste plus rien pour y répondre.

Dans le silence qui suivait chaque détonation, le poids que je commençais à connaître s'abattait sur moi, plus lourd que tout ce que j'avais jamais ressenti auparavant. Chaque bâtiment, chaque coin de rue familier, le Dnipro[4] s'écoulant avec son calme habituel, même les rangées d'arbres devant lesquelles j'étais passée tant de fois en allant au travail – tout semblait dépouillé et précaire, exposé à une force sans pitié. La ville qui contenait nos souvenirs, nos vies tissées dans ses rues et ses espaces, était maintenant vulnérable, mise à nu. Kherson, notre maison, était devenue fragile, on n'y trouvait plus aucune sécurité.

Enfin, mes parents ont donné des nouvelles. Ils avaient réussi à fuir Kharkiv en feu. Ils avaient passé vingt-quatre heures bloqués à la gare, avec des dizaines de milliers de personnes serrées épaule contre épaule, prêtes à tout pour partir. Ils avaient finalement été poussés dans un wagon bondé, et abandonnaient cette ville assiégée par les tanks russes, avec un seul espoir : nous rejoindre, pour nous emmener, Solomiya et moi, quelque part, dans n'importe quel endroit où nous serions en sécurité. Ils avaient fui les bombes avec un sac plastique à la main, mais tout ce qu'ils avaient en tête, c'était le meilleur itinéraire pour atteindre Kherson ! Cependant Kherson était maintenant encerclée, des flammes et de la fumée s'élevaient de tous côtés, les routes bloquées ou sous contrôle. Quelles que soient leurs tentatives, ils ne pouvaient pas nous rejoindre. Ils étaient dévastés. Moi, j'étais soulagée de ne plus avoir à m'inquiéter pour eux aussi.

Je faisais de mon mieux pour distraire Solomiya afin de la protéger du chaos qui se rapprochait un peu plus chaque jour. Ses yeux

[4] Le fleuve Dnipro est l'un des plus longs d'Europe, traversant l'Ukraine du Nord au Sud. Il est essentiel à l'Ukraine pour l'irrigation, le transport et la culture, jouant également un rôle symbolique et historique.

innocents continuaient de chercher les miens, sa petite main se tendait toujours pour capter du réconfort, mais chaque fois qu'elle me regardait, je voyais dans ses yeux cette même question qui me bouleversait. La confiance qu'elle avait en moi était mon pilier, un poids qui me donnait de la force et m'écrasait à la fois. Je voulais lui dire que tout irait bien, mais chaque explosion qui retentissait dans le quartier coinçait cette promesse au fond de ma gorge. Son regard, cette peur silencieuse, sont gravés en moi à jamais. Je sais que je passerai le reste de ma vie à essayer de les oublier.

L'impuissance me rongeait. J'étais infirmière pédiatrique ; j'aurais pu être à l'hôpital pour aider les soldats qui arrivaient du pont Antonivsky[5], où les combats faisaient rage jour et nuit. Le pont était un lien vital, défendu à tout prix. Les blessés remplissaient chaque couloir, mais les pharmacies avaient fermé, et les étagères avaient été vidées en quelques heures. Les infirmières et les médecins étaient débordés, épuisés, et pourtant je restais ici, liée à Solomiya. Chaque jour, je me demandais si je ne pouvais pas faire davantage, si ma présence auprès d'elle était vraiment suffisante.

J'ai contacté tous ceux auxquels je pensais – anciens collègues, amis médecins et infirmiers, voisins qui travaillaient dans les pharmacies. J'ai griffonné des listes de fournitures sur des bouts de papier d'une écriture chancelante. J'ai tenté de joindre les canaux encore ouverts. Avec un voisin, nous avons rassemblé tout ce que les gens possédaient : des pansements, du coton, des bandages, des antiseptiques cachés dans les armoires de salle de bains, des compresses oubliées dans les trousses de premiers secours. Nous sommes passés de bâtiment en bâtiment, d'appartement en appartement, sollicitant le don de la moindre chose qui pourrait sauver la vie de ceux qui nous défendaient encore. Chaque coup à la porte ressemblait à un appel à la survie, chaque objet recueilli, un fil de vie dans une ville suspendue à un fil.

[5] Un pont crucial sur le fleuve Dnipro, reliant la ville de Kherson à l'oblast de Zaporizhia.

Quand nous avons enfin eu de quoi remplir un grand sac, le crépuscule s'était installé, jetant des ombres sur les rues usées de la ville. J'ai emmené Solomiya avec moi à l'hôpital, sa petite main dans la mienne alors que nous nous faufilions dans les ruelles, nous collant aux murs, tendant l'oreille au moindre bruit de bombardement. Cette marche au cœur du chaos était à la fois insensée et nécessaire. Dès que nous avons franchi l'entrée de l'hôpital, le bruit et la panique m'ont frappée comme une vague. Les couloirs étaient sombres, remplis de soldats au visage gris de douleur, certains silencieux, d'autres criant, leurs voix brutes déchirant l'air épais et vicié. Du sang partout. Solomiya a serré ma main plus fort, ses ongles s'enfonçant dans ma paume. Instinctivement, j'ai couvert ses oreilles de mes mains tremblantes pour essayer de la protéger de sons que je savais inoubliables. Une vague de culpabilité m'a envahie – je n'aurais pas dû l'amener ici, je n'aurais pas dû lui faire voir cela.

J'ai arrêté une infirmière, son visage était marqué par l'épuisement. Je lui ai remis le lourd sac, le tissu tendu autour de son contenu, chaque objet représentait un dernier lien fragile dans une chaîne d'espoir. « Prenez ça », ai-je dit d'une voix brisée. « S'il vous plaît, utilisez-le pour ceux qui en ont le plus besoin. » Elle a hoché la tête, une compréhension silencieuse a circulé entre nous, et il m'a fallu fuir cet endroit immédiatement. Je ne pouvais pas supporter d'en voir davantage, ni d'écouter les cris résonner dans les couloirs. La culpabilité face à ma fille m'étouffait. Serrant Solomiya contre moi, j'ai fait demi-tour et l'ai emmenée loin de ce tumulte que je ne pourrais jamais effacer de sa mémoire.

Dehors, l'air froid nous a heurtées de sa morsure glaciale, et j'ai ressenti une douleur si profonde qu'elle m'a engloutie, me laissant vide et sans souffle. Tous nos efforts paraissaient vains, il n'y avait plus rien de juste à faire.

Cette nuit-là, sur Telegram, j'ai lu que des experts étrangers nous donnaient trois jours. Trois jours avant la fin de l'Ukraine. Trois jours avant que nous ne tombions. Cette prédiction avait une précision glaciale, presque bureaucratique, comme si un avenir pouvait se mesurer en heures. Et pour un instant, je me suis surprise à y croire. Trois jours. Cela semblait plausible. Trop plausible. Si plausible qu'une part de moi, paralysée, cherchait déjà à se préparer, à se convaincre : peut-être que c'était vrai. Peut-être que nous étions finis avant même d'avoir commencé.

Mais une autre pensée s'est levée, une pensée venue de loin, plus forte que le doute. Ce que ma grand-mère m'avait toujours dit. Elle racontait les purges, les famines, les goulags. Elle parlait des interdictions qui frappaient notre langue, nos chants, nos écoles. Elle parlait des corps qu'on enterrait dans des fosses anonymes, des villages qu'on effaçait de la carte, des générations qu'on croyait brisées à jamais. Trois jours ? Ils n'avaient pas suffi. Ni trois mois. Ni trois cents ans. Nous avions survécu à tout cela.

Et si, pensais-je, ce n'était qu'un nouvel épisode ? Une page de plus dans une histoire qui nous dépasse, une histoire que nous portons malgré nous, mais que nous n'avons jamais laissée s'éteindre. Trois jours. Trois siècles. Les experts pouvaient bien continuer à compter. Leur décompte, précis et définitif, ne disait rien de nous. Rien de ce que nous étions, ni de ce que nous avions traversé. Trois jours, c'était la mesure de leur propre courage face au mal.

Nous n'avions pas choisi cette guerre. Mais s'ils nous donnaient trois jours, alors nous répondions avec autre chose : chaque souffle que nous avions refusé de perdre. Ce combat ne commençait pas avec nous. Et il ne finirait pas avec eux.

Hiver

Nous étions le premier jour du printemps, et pourtant, le ciel tombait en flocons de cendres. La neige, épaisse et lourde, descendait, se fondant dans une atmosphère chargée d'explosions. Elle se posait comme un linceul, couvrant la ville d'un silence qui semblait définitif. Je restais à la fenêtre, sentant le froid s'infiltrer dans mes os – un avertissement dont je n'arrive pas à me détacher. Le monde s'était refermé, il se repliait sur lui-même. Cet hiver ne finissait pas ; le printemps ne venait pas. La saison elle-même s'était détournée.

De l'autre côté de la rue, deux immeubles résidentiels ont été touchés. J'ai entendu les explosions, les secousses traversant le béton et le verre, suivies de cris lointains – puis, encore une fois, seulement le silence. Un calme terrifiant et anormal a rempli l'espace, plus lourd que la neige, écrasant tout, la ville était asphyxiée. J'ai fait défiler les messages dans les chats Telegram, la principale source d'information du monde extérieur pour nous tous, je mesurais le poids de chaque mot. Chornobaïvka[6], tout près, était tombée, notre nouvel aéroport détruit – celui que j'imaginais déjà pour ce printemps, qui ne viendrait plus, où je rêvais d'embarquer avec ma fille pour lui montrer le monde, un monde qui me semble désormais inaccessible. Océans, villes, montagnes – ces endroits se sont dissous dans mon esprit tandis que je lisais, tous remplacés par les murs rétrécis de cette pièce. L'avenir lui-même s'érodait, s'effritait, à chaque nouvelle notification qui s'affichait sur mon écran.

Des rumeurs circulaient sur des combats dans le parc Buzkovyi[7], à l'autre bout de la ville. Les envahisseurs étaient déjà là, mais on ne savait pas vraiment contre qui ils se battaient. Kherson n'avait plus de défense -- ni armée, ni police, personne pour surveiller ses rues. Tout le monde était parti, sauf nous, dans nos maisons. Nous étions ici, habitants de cette ville, cachés derrière nos murs, retenant notre souffle sans savoir ce qui allait suivre. Les informations étaient fragmentées, des messages épars dans des textos frénétiques, je ressentais

[6] Chornobaïvka est un village au nord de Kherson devenu un point stratégique lors de l'invasion russe en 2022. Sa position militaire a conduit à de nombreux affrontements et attaques répétées des forces russes. En raison de la persistance des tentatives d'occupation, le nom Chornobaïvka est devenu synonyme de la résilience ukrainienne et de l'échec des forces d'occupation à progresser.

[7] Situé à Kherson, le parc Buzkovyi, ou parc des Lilas, avant la guerre était apprécié pour ses allées bordées de lilas en fleur. Dans le contexte de l'occupation, il est devenu un symbole de résistance des habitants de Kherson et des crimes de guerre russes.

à la fois une terreur et une étrange insensibilité. Ma ville avait été laissée sans défense, sans protection, et nous étions tous suspendus ici, telles des ombres déjà prêtes à s'effacer.

Et puis le vacarme a commencé, brutal et clair. D'abord, c'était un tremblement – un bourdonnement grave et régulier qui montait du sol, vibrait à travers les planchers, emplissait les murs, se logeant comme une pierre dans ma poitrine. Il enflait, devenait plus fort, s'étendait, épaississant l'air. C'était des chars, juste sous ma fenêtre. Les voilà, ces bêtes de métal massives qui avançaient, le sol se déformant sous leur poids alors qu'ils s'emparaient des rues, prenant possession de l'espace qui était le nôtre. Ce son était différent. Ce n'était pas le coup de feu soudain et violent qui réveillait la nuit. Celui-ci était plus lent, plus délibéré, emplissait chaque centimètre, chaque recoin, et emportait tout. C'était le son de l'occupation, le son de Kherson qui était avalée tout entière. Nos rues, nos bâtiments, nos fenêtres – et nous, enfermés derrière elles, témoins de notre propre effacement.

Solomiya se tenait à côté de moi, petite et silencieuse, alors que le grondement des chars emplissait la pièce. Elle levait les yeux vers moi, un regard mêlé de confusion et de peur. Je serrais sa main, espérant qu'elle ne sente pas le tremblement de la mienne, m'efforçant de rester ferme pour elle, de lui servir de bouclier. Elle était mon dernier lien avec la vie d'avant – ma fille, qui devrait courir dans les champs, apprendre le nom des fleurs, et non rester ici à regarder sa ville disparaître.

Les chars passaient, indifférents et implacables, et à chaque grondement, à chaque mouvement lent, ils prenaient bien plus que les rues. Ils réclamaient nos vies, notre avenir, la liberté de ma fille de grandir sans peur. Et tandis que je restais là, la tenant contre moi, je sentais cet hiver s'installer profondément en moi, resserrant son emprise. Il n'y a pas de printemps après lui, pas de dégel, pas de saison de retour. Juste cela : le silence de la reddition.

La neige absorbait tout, jetant un apaisement irréel sur le monde. Et là, sur le blanc, ils avançaient – des masses vert foncé, presque noires, déformées et monstrueuses, progressant comme si rien ne pouvait les arrêter. Des silhouettes recroquevillées sur les machines, sales et sombres, des ombres presque humaines mais dépouillées de toute trace d'humanité. Ils passaient, les armes levées, et scrutaient, comme si chaque fenêtre, chaque vie cachée derrière le verre, était présente pour s'offrir à leur regard. Chaque vibration sous mes pieds signifiait qu'un autre morceau de la ville s'évanouissait, chaque grondement rappelait ce que nous perdions.

Un instant, nous sommes restées ainsi – deux cœurs battant en rythme, deux souffles entrelacés par la peur. Tout ce que je pouvais faire, c'était la tenir, impuissante, tandis que les chars avançaient, cachant mes larmes pour qu'elle ne les voie pas. Le temps semblait suspendu, tendu comme une corde prête à rompre. Chaque seconde vibrait du grondement des tanks, une respiration brute qui avalait tout. Mais soudain, Solomiya s'est mise à chanter. Sa voix, douce et presque murmurée, s'élevait contre le bruit, fragile mais claire, comme une flamme vacillante dans l'obscurité.

« Сонце низенько, вечір близенько.
Сонце низенько, вечір близенько,
Спішу до тебе, моє серденько[8]. »

« Le soleil descend, le soir approche.
Le soleil descend, le soir approche,
Je cours vers toi, mon petit cœur. »

C'était une chanson que nous avions apprise ensemble, après l'avoir entendue au théâtre dramatique de notre ville. Ce jour-là, les paroles m'avaient semblé lumineuses, légères. Aujourd'hui, elles étaient devenues une prière, un souffle ténu contre la fureur des chars. Et pour un instant, sa voix changeait tout. Ce n'était pas le chant d'une enfant, c'était un défi. Une manière de dire que la

[8] *Сонце низенько* (« Le soleil descend ») est une chanson folklorique ukrainienne traditionnelle, souvent interprétée pour évoquer la douceur et l'intimité d'un lien profond entre les êtres aimés.

guerre, si brutale fût-elle, ne pouvait pas tout prendre. Cette chanson innocente de mon enfant, cette réaction face à la peur, m'a mobilisée comme une alarme. Des pensées traversaient mon esprit, éparses et urgentes – des plans de survie, des routes d'évasion, des moyens de la protéger. Chaque fragment de plan s'effaçait aussi vite qu'il apparaissait, mais je les sentais monter en moi, malgré moi, invoqués par les pulsations de son sang contre ma poitrine. Je devais faire quelque chose, n'importe quoi pour la protéger... Soudain, quelqu'un a frappé à la porte.

C'était ma voisine, la vieille dame qui n'avait plus personne. Elle est entrée de force, le visage pâle, les yeux écarquillés avec une expression que je connaissais trop bien. Elle venait chaque jour maintenant. D'une voix basse, chancelante, comme un vieux disque bloqué dans une machine cassée, elle racontait les horreurs qu'elle avait lues, les histoires transmises de voisin en voisin, chaque nouvelle terreur s'infiltrant jusque dans nos murs. Parfois, elle demandait de la nourriture que je n'avais plus, avec une expression d'excuse dans les yeux. Mais plus que tout, elle avait besoin que je l'écoute. En partageant ces fragments d'horreur, elle trouvait un moyen d'y donner du sens. Et chaque jour, je la laissais parler, ses mots s'accumulant comme des pierres sur le poids qui m'écrasait déjà. Elle a agrippé mon bras avec vigueur. Elle donnait l'impression que j'étais la dernière chose stable dans un monde qui se désintégrait. Mais ce jour-là, elle n'a rien dit. Elle m'a regardée simplement avec des yeux adoucis par l'âge, embellis par sa peau ridée, cherchant sur mon visage une explication que je ne pouvais pas lui donner. « Partez ! » Je lui ai dit de ne plus revenir toquer à ma porte, de ne plus jamais toquer. Je lui ai dit que je n'ouvrirais pas si elle le faisait – qu'elle devait se cacher maintenant que notre ville ne nous appartenait plus. Je lui ai dit que nous devions tous nous cacher. Elle a tourné les talons, elle est partie sans un mot, ses pas résonnant dans la cage d'escalier, s'évanouissant dans un silence qui semblait définitif. J'ai verrouillé la porte, je suis allée directement à la cuisine et j'ai pris les deux plus grands couteaux que j'avais. Puis j'ai trouvé la batte de baseball de mon ex-mari et j'ai placé tout cela près de l'entrée. J'ai arraché les pieds de notre table de cuisine et les ai coincés contre la fenêtre pour la renforcer. Nous n'étions plus en sécurité derrière nos propres fenêtres. Nous n'étions plus chez nous.

Mes parents, exilés dans une ville voisine, me contactaient chaque jour, ils étaient désespérés et voulaient que je leur confirme que les rumeurs sur l'occupation de Kherson n'étaient pas vraies – ou du moins, qu'elles ne l'étaient pas dans notre coin de la ville. Mais elles l'étaient. Tout était vrai, et gérer leur douleur était au-delà de mes forces. Je leur ai demandé de ne plus appeler, que je ne pouvais pas répondre, que pour notre sécurité, nous ne communiquerions que dans notre chat familial par courts messages. Dans ce chat, où l'amour et le réconfort coulaient autrefois si facilement, j'effaçais désormais chaque message dès qu'il arrivait. Toute trace de tendresse, tout souvenir, devenait un risque si mon téléphone était fouillé, si mes mots étaient remis en question. Désormais, je n'envoyais que de brefs messages, plusieurs fois par jour : « Nous allons bien. » « Nous allons bien, et nous sommes à la maison. » Chaque message était une bouée autant qu'un mensonge – car nous n'allions pas bien, et notre maison, telle que je l'avais connue, ne nous appartenait plus.

Mon ex-mari continuait d'appeler, de promettre une vie meilleure, « une fois que tout serait réglé ». Mais maintenant, le moindre mot échangé par téléphone, s'opposant aux siens, pouvait m'exposer à de plus grands dangers. Les téléphones étaient écoutés, chaque conversation surveillée, et il suffisait de quelques mots mal interprétés pour faire de moi une cible, marquée comme opposante à l'occupation qu'il défendait avec une complaisance criminelle. Après un énième appel, je lui ai dit que, maintenant que les Russes étaient à Kherson, il devait venir ici et que nous l'attendions. Il n'a jamais rappelé, se contentant d'écrire de temps en temps pour prendre des nouvelles de Solomiya.

Plus tard, dans un des chats Telegram, une photo de son passeport moldave est apparue, accompagnée d'une note froide et impersonnelle : « Un autre collaborateur arrêté. » Ces mots me fixaient, me condamnaient presque. Tout ce que je ressentais, c'était de la culpabilité envers ma fille et la peur de ne jamais trouver les mots justes pour lui expliquer toutes ces choses si nous survivions à cet hiver ukrainien, un hiver qui semblait aussi infini que mes silences.

Et cet hiver s'étirait, interminable, comme une ombre gelée. Nous attendions le printemps – pas seulement comme une saison, mais comme une délivrance. Pourtant, la guerre avait rétréci notre univers, l'étranglant jusqu'à ces murs fissurés qui nous tenaient prisonnières. Les chars, la neige, et ce poids écrasant n'étaient pas des avertissements – ils étaient des sentences, finales et implacables, gravées dans la glace d'un hiver qui refusait de finir.

Pain

Quand le soir de ce premier jour d'occupation est tombé, nous sommes restées dans l'obscurité, avec pour seules lumières la faible lueur de la salle de bains et un éclat tamisé dans la cuisine – juste assez pour voir, mais pas assez pour être vues. Sur le sol de la cuisine, sous la fenêtre couverte par la table, je nourrissais ma fille de pommes de terre et de conserves de poisson, tandis que mon seul dîner était du thé. Je ne pensais qu'à une chose : comment j'allais trouver de la nourriture le lendemain, comment j'allais circuler dans ces rues maintenant occupées avec elle, ou comment je pouvais la laisser seule à la maison sans savoir si je reviendrais. Ces pensées tourbillonnaient, me paralysant, jusqu'à ce qu'un flash de lumière les traverse. Sans prévenir, un éclair aveuglant a pénétré la pièce, brutal, impitoyable. Il a disparu, pour réapparaître en un éclat encore plus violent, découpant des lignes brisées sur chaque mur, comme si la guerre elle-même cherchait à envahir nos refuges. Je savais ce que c'était : ces projecteurs monstrueux, fixés sur le sommet des chars russes, qu'ils dirigeaient délibérément vers nos fenêtres. Une nouvelle forme de terreur, une lumière si puissante qu'elle semblait vouloir nous arracher aux ténèbres où nous tentions de nous cacher.

En dessous, ce son lent, monstrueux, celui des chars passant sous nos fenêtres. La douleur a traversé mon corps comme un choc électrique, paralysant chaque nerf. Je voulais attraper ma fille, la serrer contre moi, mais mon corps refusait, chaque instinct me disant que le moindre mouvement, le moindre son, pourrait être fatal. Ces faisceaux de lumière étaient une arme en eux-mêmes, projetant une peur froide et implacable dans chaque recoin de notre existence.

La lumière a disparu, et le bruit s'est éloigné, mais je savais – ce n'était que le début. Désormais, chaque nuit, ils passeraient, leurs projecteurs braqués sur nos fenêtres comme des chasseurs traquant leurs proies, remplissant nos maisons d'une terreur étouffante. Un safari humain.

Cette nuit-là, il n'y a pas eu d'explosions. Ce silence m'a terrifiée encore plus ; cela signifiait que nous étions captifs, abandonnés à nos ennemis. Assise près de la baignoire où dormait ma fille, je faisais défiler les nouvelles. Enfin, nous avons tous appris ce qui s'était passé dans le parc Buzkovyi – un endroit que je connaissais autrefois pour ses lilas en fleur et ses bancs tranquilles. Mais le premier jour de l'occupation, il était devenu un tombeau. Dès leur entrée dans la ville, les Russes avaient été accueillis dans le parc par environ quarante Ukrainiens, des volontaires de la défense territoriale aux premiers jours de la guerre. Ils n'avaient guère plus que des fusils, quelques grenades, des armes de fortune, et l'espoir que peut-être, d'une manière ou d'une autre, cela suffirait pour tenir tête aux forces qui approchaient.

Mais ce n'était pas seulement l'infanterie. Des chars russes et des véhicules blindés étaient arrivés, le sol tremblant sous leurs moteurs alors qu'ils encerclaient le parc. Lorsque les tirs avaient commencé, l'endroit avait été englouti par le métal. Ces Ukrainiens s'étaient battus avec tout ce qu'ils avaient, mais la bataille n'avait duré que vingt minutes, laissant le parc jonché de corps. Quand les tirs ont cessé, il n'y a pas eu de respect, seulement de l'horreur. Les soldats russes passaient, méthodiques, achevant ceux qui n'étaient pas encore morts, s'assurant que personne ne survivrait pour résister un jour de plus. Ensuite, pour rentrer, ils ont pris le chemin qui passait sous mes fenêtres.

À ce moment-là, nous avons vu les conséquences du combat dans le parc Buzkovyi, alors que les habitants allaient ramasser les corps, recueillir les restes de leurs proches. Ces images de l'autre bout de la ville se gravaient dans nos esprits – seize corps gisant là où ils étaient tombés, ainsi que quatre sacs de fragments de corps, tout ce qui restait après la brutalité blindée de ce combat. Quelques âmes courageuses ont pris sur elles de rassembler les corps, de leur offrir la sépulture qui leur avait été refusée. Ils les ont couverts du mieux qu'ils ont pu, les allongeant sous le ciel ouvert qui avait été témoin de leurs derniers moments de défi. L'odeur insupportable de la mort et des espoirs brisés se répandait dans la ville, s'accrochant à l'air, impossible à éviter.

Je pense souvent à eux, allongés dans ce parc qui autrefois n'abritait que le doux parfum des lilas. C'étaient des Ukrainiens qui avaient tenu leur dernier combat, qui avaient affronté les chars et l'artillerie avec seulement les armes qu'ils avaient dans leurs mains et la dignité qui nous était refusée à tous. La ville porte le poids de leur sacrifice. Chaque rue, chaque coin, semble maintenant le murmurer. Ils sont les seuls à s'être battus pour Kherson ce premier jour de l'occupation. L'horreur du parc Buzkovyi m'habite, cette pensée est une douleur que je ne peux apaiser.

Alors que j'attendais le matin, incapable de dormir, j'ai été brusquement tirée du ressassement de mes pensées par le bruit des moteurs et des voix – un son rare et étrange dans le silence de cette ville hantée. J'ai regardé dehors, mon cœur palpitant. C'était ma chance. Deux voitures étaient garées de l'autre côté de la rue – l'une chargée de pain, l'autre de quelques légumes épars. J'ai pris ma fille, encore endormie dans la baignoire, et j'ai glissé son petit corps dans le porte-enfant sous mon manteau. Elle gémissait, posant des questions auxquelles je ne pouvais pas répondre, ses mots noyés dans le bruit de ma propre respiration haletante. J'ai traversé la rue en courant, le pouls battant fort en voyant la foule déjà rassemblée. Les files se formaient comme des veines désespérées sur le trottoir. Les gens se sont écartés pour me laisser passer, murmurant en remarquant la présence de ma fille. Ils risquaient leur place dans la file, leur propre chance de nourriture, pour elle, pour nous.

Et puis, ce grondement est revenu – le bruit lent et monstrueux d'un char. Tout s'est figé. Quelqu'un a crié, et je me suis retournée pour voir des soldats, armes levées, leurs yeux froids et vides tandis qu'ils balayaient du regard la file de ceux qui attendaient le pain. Les fusils pointés sur nous. Les vendeurs se sont cachés dans leurs camions, se dissimulant, tandis qu'un jeune garçon s'est soudain mis à courir, le cri de sa mère résonnant contre les bâtiments vides. Une vieille femme à côté de moi, le visage marqué de peur et de colère, a tendu la main et a ouvert mon manteau, dévoilant ma fille. Sa voix, aiguë et tremblante, a brisé le silence : « Il y a des enfants ici ! Des mères ! Laissez-nous tranquilles ! »

La rage m'a envahie alors qu'elle exposait mon enfant aux fusils. Une colère primaire montait en moi, et je l'ai repoussée, la regardant tomber à terre. Elle a levé les yeux, déconcertée, blessée, mais j'étais déjà en mouvement, ma panique brouillait tout autour de moi. Le char est passé, son ombre projetée comme une malédiction, froide et implacable. La panique me nouait la gorge, et je me suis précipitée vers le camion, désespérée. « Donnez-moi le pain – maintenant ! », ai-je crié au vendeur de ma voix rauque. Il n'a pas hésité, et m'a tendu un pain. La femme de la deuxième voiture a glissé quelques carottes flétries et une grosse betterave dans la poche de mon manteau, sa main tremblante touchant la mienne.

Les visages autour de moi exprimaient une lourde honte collective, nous restions là, dépouillés de toute dignité. Avec quelques carottes, une betterave, et le poids de notre humiliation, j'ai serré ma fille contre moi et je me suis précipitée vers notre immeuble, sans oser regarder en arrière.

Cri

C'était le cinquième jour de l'occupation. Les rues étaient vides alors que je traversais la ville, une fois de plus à la recherche de nourriture. Ma fille était à nouveau cachée sous mon manteau, c'était le seul moyen que j'avais trouvé pour la dissimuler tout en la gardant près de moi. Sa chaleur m'enracinait, un rappel de tout ce que je devais protéger. Chaque pas me semblait imprudent, comme si je l'emmenais directement au-devant du danger. Mon souffle se coinçait dans ma gorge, court et aiguisé, mais avais-je le choix ? Nous avions désespérément besoin de nourriture, et je n'avais d'autre option que de continuer, espérant, priant, que ce jour ne soit pas celui où je la trahirais.

Je gardais la tête baissée, les yeux fixés sur le trottoir fissuré, évitant les fenêtres sans vitre et les portes obscures qui semblaient observer, témoins silencieux de notre désespoir. Mais en approchant de la place devant la mairie, quelque chose a changé – un frémissement dans l'air, rythmé, une pulsation sous mes pieds. J'ai levé les yeux, et les rues désertes ont commencé à se remplir, non de soldats, mais de gens – des dizaines, puis des centaines, convergeant vers le centre comme un fleuve débordant. Je me suis arrêtée, murmurais à l'oreille de ma fille doucement, bien qu'elle ne comprenne pas, ou peut-être que je me parlais à moi-même, une prière pour rester calme, pour rester invisible. Mais quelque chose de plus grand que moi nous tirait en avant.

J'ai fait un pas sur la place, et la scène qui se déroulait face à moi m'a coupé le souffle. Des gens, tant de gens, remplissaient chaque centimètre d'espace, une mer de visages, de mains, de voix. Toute la ville semblait s'être rassemblée ici. Les habitants portaient des drapeaux, bleu et jaune contre le gris de l'hiver, flottant avec défi dans le vent. Leurs voix s'élevaient, un mur de son, une force qui a déferlé sur moi comme une vague. Ils scandaient, criaient, un hurlement qui comblait chaque fissure de l'air. « Kherson est l'Ukraine ! », s'époumonaient-ils, encore et encore, chaque mot comme un défi, une promesse. Mon cœur battait dans ma poitrine, mon pouls s'accélérait pour suivre leur cadence. Un instant, j'ai ressenti de l'espoir – une sensation presque étrangère, un souvenir de la vie d'avant. Je me demandais si c'était réel. Cela semblait appartenir à une autre réalité dans laquelle j'avais dérivé – intense, fugace, mais indéniablement nôtre[9].

Puis je les ai vus. Les soldats étaient alignés en rangs sombres autour de la place, armes en main, les yeux fixés sur la foule. Je me suis retirée dans l'ombre du bâtiment du cinéma, espérant être suffisamment loin pour ne pas être remarquée. Ils se tenaient là, immobiles, l'expression fermée, leur regard passant de visage en visage, une lueur de confusion, de malaise, comme s'ils distinguaient une chose qui se situait au-delà de leur compréhension. Ils pensaient qu'ils pouvaient prendre cette ville. Ils pensaient que nous céderions, que la peur nous réduirait au silence. Ils attendaient des fleurs et des acclamations, un défilé de reddition pour les accueillir comme des libérateurs. Mais nous étions là – une masse de voix et de drapeaux, sans armes mais inflexibles, chacun de nous un rappel de ce qu'ils ne pourraient jamais être. À partir de ce moment-là, ils n'étaient plus rien d'autre que des ennemis.

Je savais que je devais partir, que le moment était venu de m'éclipser alors que l'émotion montait sur la place. Mais ensuite, devant moi, j'ai vu une vieille femme s'avancer, le dos droit. Elle faisait face à un soldat et jetait des graines de tournesol sur son torse. « Mets ces graines dans ta poche », lui a-t-elle dit de sa voix claire, ses mots le défiaient dans une langue qu'il comprenait à peine. « Comme ça, quand tu mourras sur notre terre, au moins des tournesols repousseront. » Ses paroles ont traversé le bruit ambiant, étrangères pour lui mais claires et indéniables. Il les a comprises. Le visage du soldat s'est durci, il a raffermi sa prise sur son arme.

[9] Les habitants de Kherson ont organisé des manifestations pacifiques en 2022 pour protester contre l'occupation russe, malgré les menaces et les représailles, montrant un courage collectif remarquable.

Cet instant aurait pu briser quelque chose, éteindre la flamme qui vacillait sur la place. Mais au lieu de cela, il a fait naître une onde, une tension électrique qui s'est propagée. Le jeune homme à côté de moi a grimpé sur un BTR qui passait, un grand drapeau serré dans sa main. Il l'a levé haut, et pendant un instant, la place entière a retenu son souffle. Le temps s'est dilaté, une onde électrique a traversé la foule tandis qu'il avançait, intrépide, se tenant fier face à tout ce qui se trouvait sur son chemin. Une clameur s'est soulevée, un rugissement de la foule, un son qui a éclaté avec toute la colère, l'amour et la douleur refoulés depuis des jours. Il s'est élevé, brut et inarrêtable, un feu qui emplissait l'air. Ma fille a bougé, ses petites mains agrippant mon vêtement, son visage pressé contre ma poitrine. Elle ne comprenait pas, mais elle le sentait – la montée d'une force indomptable qui emplissait la place, noyant la peur.

Quelque chose me retenait là, m'enracinait sur place. C'était les gens, l'esprit qui nous liait dans ce moment froid et brutal. Je voyais mes voisins, mes amis, des visages que je n'avais pas vus depuis le début de la guerre, tous debout, tous témoins. Et dans leurs yeux, j'ai remarqué une chose à laquelle je ne m'attendais pas. Ce n'était ni de la peur, ni de la colère, mais de la fierté. Une fierté qui défiait les fusils pointés sur nous, une fierté inébranlable, qui tenait debout face à la mort elle-même. Cette force tranquille, si profondément enracinée dans notre histoire, semblait dire que nous savions survivre à pire.

Les soldats russes ne comprendraient peut-être pas, mais cela n'avait pas d'importance. Nous n'étions pas là pour qu'ils comprennent. Nous étions là pour répondre, pour affirmer que ni leurs fusils, ni leurs uniformes, ni leur présence écrasante ne pourraient effacer ce que nous étions. « Kherson est l'Ukraine ! » « Gloire à la nation ! Fin à la Fédération de Russie ! », avons-nous crié. Les mots se brisaient dans l'air comme des éclats de verre, volant au-dessus des casques, dépassant les tanks, éclatant dans chaque rue, chaque maison, chaque pierre. Leur écho s'étirait, insaisissable, se glissant même là où nos voix n'auraient jamais pu atteindre.

Je me suis détournée, tenant ma fille contre moi, et nous avons quitté la place, sa petite main dans la mienne. Mais la guerre, elle, ne se retirait pas. En tournant au dernier coin de rue, la place s'évanouissait déjà comme un vieux souvenir, une défiance éphémère acculée par la peur écrasante qui pesait sur ce quartier. Des rues autrefois familières étaient désormais transformées en terrain de chasse. Les occupants prenaient tout : non seulement la sécurité et l'âme de notre ville, mais aussi sa vie concrète et prosaïque. Ils déchiraient nos maisons, nos écoles, nos magasins, arrachant notre existence même. Ils chargeaient des camions de tout ce qu'ils voyaient – des œuvres d'art de musées, des documents, des appareils électroniques, des vêtements, et même les jouets des enfants. À leurs yeux, tout cela représentait sans doute des souvenirs à envoyer à leur famille, des trophées de leur soi-disant « mission de libération », ces prétendus héros prenant les trésors de la ville qu'ils pensaient avoir conquise.

Et les jours qui ont suivi ? Ils n'ont fait que s'assombrir. Des gens étaient emmenés : hommes, femmes, enfants, arrachés à leur maison, un sac couvrant leur visage. Des éclats de bois issus des portes brisées jonchaient le sol dans des pièces saccagées et vidées. Pas de préavis, pas de logique, juste le besoin aveugle de fouiller, saisir, contrôler. Qui cherchaient-ils ? Quiconque était, à leurs yeux, trop ukrainien. Des manifestants, des enseignants, des prêtres, des artistes, des athlètes, toute personne ayant osé parler la langue ukrainienne. Ces simples sons glissant de nos lèvres semblaient les terrifier plus que n'importe quelle arme de l'OTAN.

Les rumeurs circulaient sous forme de murmures, des voix fragiles traversaient la ville comme des courants d'air et dévoilaient des histoires de gens arrachés de chez eux, qu'on ne revoyait jamais. Les survivants, s'ils revenaient, portaient en silence les stigmates de ce qu'ils avaient enduré. Ils parlaient de chambres de torture cachées dans des sous-sols, de bâtiments abandonnés, de lieux où les cris se mêlaient à l'odeur humide de la décomposition qui exhalait à travers les murs. Personne ne se sentait en sécurité chez soi, hanté par la pensée que n'importe quelle porte, à n'importe quel moment, pourrait recevoir ce coup brutal.

Et puis est venue l'odeur – cette odeur âcre, immanquable, qui se répandait depuis la décharge à la périphérie de la ville, là où ils brûlaient les corps de ceux qu'ils avaient brisés. Cette odeur imprégnait tout, une senteur piquante, irritante, qui s'accrochait à notre peau, à nos murs, à notre ville. Je ne saurai jamais comment la décrire – une fragrance épaisse, acide, qui ne remplissait pas seulement vos poumons mais s'infiltrait profondément dans vos nerfs, jusqu'à prendre racine dans votre être même. Certains matins, je me réveillais en espérant que ce n'était qu'un souvenir, que je l'avais laissé derrière moi dans un cauchemar. Mais dès que je sortais, elle revenait, remplissant mes poumons, me faisant suffoquer encore une fois.

Il n'y avait pas d'échappatoire à cette terreur ; elle imprégnait tout. Chaque visage que je croisais lors de mes rares sorties pour de la nourriture ou des médicaments était creusé, assombri. La ville elle-même taillait doucement quelque chose de vital en nous, morceau par morceau.

La nuit, nous nous blottissions dans la baignoire. Elle avait autrefois été un abri contre les bombardements ; désormais, elle était un bouclier contre les cris qui déchiraient les rues. L'horreur était devenue la routine. Des gens étaient forcés de monter dans des bus, et disparaissaient. Des enfants – orphelins – étaient emmenés, déplacés, dépouillés de la terre qui leur revenait, leur avenir volé au milieu de la nuit.

Et puis, les femmes subissaient une violence inouie. Quand j'ai entendu que des femmes étaient traînées dans des ruelles, brutalement attaquées, laissées brisées sous les étoiles, j'ai cessé de sortir. Nos corps étaient devenus un autre territoire, un autre trophée pour ces monstres en vert sombre. Ces viols n'étaient pas des actes isolés de cruauté – ils étaient une stratégie, un moyen de nous détruire de l'intérieur, chaque horreur étant une arme pointée contre notre communauté, contre notre survie.

Pour les femmes de Kherson, vivre sous occupation, c'est apprendre l'art de disparaître. Il y avait des règles tacites, passées de mère en fille, de sœur en amie : si tu dois sortir, habille-toi de couleurs ternes, couvre tes cheveux de la crasse des jours sans lavage. Laisse ton visage nu, ombré. Sens l'ail ou l'oignon – tout pour être laissée tranquille. C'est une forme d'effacement de soi, un dénuement de tout ce qui faisait de nous des êtres humains. Sous la menace quotidienne de la violence, nous apprenions à nous fondre dans la terre, à devenir des ombres. Nous avons appris à survivre en devenant invisibles, notre présence n'existait qu'à travers des murmures, résonnant dans les espaces vides.

Chaque écho de ces horreurs consolidait ma conviction : il fallait fuir. Pour moi, mais aussi pour ma fille. Chaque jour, je me demandais comment partir, quand partir, si ce serait possible. Je me disais que nous survivrions à cela, qu'un matin elle n'entendrait plus de murmures d'horreur à travers des murs trop fins, qu'elle marcherait de nouveau librement dans ces rues. Mais chaque inspiration attestait que l'espoir était une chose fragile, et cet espoir s'évanouissait à chaque expiration, remplacé par le poids étouffant de ce qui nous entourait.

Départ

Nous étions assises ensemble dans l'obscurité, la faible lueur de la lampe de la salle de bains et le léger éclat de mon téléphone projetant des ombres sur les murs. Ma fille était blottie contre moi. Elle était calme. J'écoutais sa respiration régulière alors qu'elle regardait les images colorées de son livre pour enfants, bienheureuse, inconsciente. Dehors, un monde de terreur nous attendait. À l'intérieur, je m'accrochais à cette parcelle de normalité, essayant de préserver son innocence encore un instant.

Mais alors que je faisais défiler les nouvelles sur mon téléphone, chaque ligne m'entraînait plus profondément dans la dure réalité.

Les Russes menaçaient de faire exploser la centrale nucléaire de Zaporizhia[10], bien trop proche de Kherson. Mon sang s'est glacé, les mots devenaient plomb. On évoquait des mesures pour se protéger de la radiation. On établissait des listes d'instructions pour une catastrophe que je n'avais jamais imaginé voir arriver jusqu'à nous. Je les lisais, chaque avertissement serrait un peu plus le nœud de mon estomac : Restez à l'intérieur. Scellez les fenêtres. Remplacez les vêtements que vous avez portés à l'extérieur. Une grotesque illusion de contrôle. Ces mesures étaient censées nous protéger, mais elles ne faisaient que révéler à quel point nous étions impuissantes. Chaque recommandation sonnait creux, offrant un simulacre de protection qui ne pourrait jamais vraiment nous servir ici.

Et puis, soudain, cela m'a frappée – il n'y avait rien, pas une seule instruction sérieuse, sur la manière de protéger les petits enfants. Je cherchais, faisant défiler, scrutant, espérant trouver quelque chose. Mais il n'y avait que de l'absence là où des réponses auraient dû se trouver, un vide immense qui engloutissait mon espérance. Cette terrible prise de conscience s'est infiltrée en moi, froide et implacable : si une catastrophe survenait, si la radiation envahissait notre monde, il n'y avait rien que je puisse faire pour protéger ma fille.

J'ai baissé les yeux vers elle, vers ses petits doigts agrippant les bords du livre, son sourire doux, innocent, alors qu'elle me montrait une image. Elle était intacte, préservée de ce monde de peur et d'horreur dans lequel je vivais chaque seconde. Mais cette innocence me semblait être une coquille fragile, et la conscience de mon incapacité à la protéger la fissurait, me laissant exposée à un désespoir que je ne pouvais exprimer. J'ai senti quelque chose se briser en moi. Je ne pouvais pas laisser cette situation devenir son monde. Survivre ici ressemblait à une prison, une mort lente chaque jour qui passait.

Les histoires de familles abattues alors qu'elles tentaient de fuir planaient aux confins de mon esprit. Des voitures criblées de balles

[10] La centrale nucléaire de Zaporizhia, la plus grande d'Europe, a été prise par les forces russes en 2022, provoquant des inquiétudes internationales sur la sûreté nucléaire.

aux points de contrôle, des parents protégeant leurs enfants sous la pluie des tirs, des vies achevées sur la route de l'échappatoire. Ce n'étaient pas des récits lointains ; c'étaient des voisins, des amis, des visages que je connaissais. Je pouvais les imaginer dans ces derniers instants, les mains sur le volant, espérant, priant, alors que les tirs détruisaient tout. Ce n'était pas un simple pari – c'était la vie ou la mort, un coup de dés sans aucune garantie. Partir pouvait signifier notre fin. Mais rester… rester semblait contenir la certitude de quelque chose de pire.

Chaque jour, je voyais ma fille devenir plus silencieuse, son rire remplacé par le mutisme, son monde rétréci aux quatre murs de notre cachette. Même notre maison était devenue une menace, l'ambiance était chargée de terreur. Les pièces muettes autour de nous, autrefois pleines de vie, ressemblaient maintenant à un tombeau qui se refermait sur nous. Chaque pas en avant paraissait impossible, mais je savais qu'en restant, je verrais disparaître tout ce qui rendait la vie digne d'être vécue. Je ne pouvais pas la regarder perdre tout ce qu'elle possédait – les rues dans lesquelles elle ne jouerait peut-être plus jamais, le rire qui se fanerait ici, son avenir perdu dans l'ombre.

J'ai pris ma décision à cet instant, claire et inébranlable. Le lendemain, nous partirions. Je prendrais le risque, affronterais tout ce qui se trouvait au-delà des murs de cette ville, parce que je lui devais plus qu'une survie prolongée. Je lui devais une vie où elle pourrait respirer, où elle n'aurait pas besoin d'être protégée du monde. Je marcherais à travers le feu s'il le fallait, surpasserais chaque danger, utiliserais même un couteau de cuisine contre l'ennemi si cela était nécessaire, mais je ne resterais pas ici, à attendre que le monde engloutisse mon enfant.

Ce n'était pas seulement ma fuite ; c'était la sienne également. Je lui ai fait une promesse, ainsi qu'à moi-même : nous trouverions un moyen de partir. Le lendemain, je trouverais un chemin.

Fuite

L'appel est arrivé juste après l'aube. J'étais assise seule et je fixais la rue à travers la fenêtre assombrie tandis que la ville se refermait. Le téléphone a vibré, et lorsque j'ai vu son nom – Svetlana, une amie, une mère – je me suis figée. Nous n'avions pas parlé depuis des mois, mais je savais pourquoi elle appelait. Ma main est restée suspendue, déjà tremblante, et lorsque j'ai décroché, le silence dans la pièce devint plus froid, plus lourd, l'air lui-même retenait son souffle.

« J'ai lu ton message. Il y a un moyen de partir demain matin », a-t-elle murmuré d'une voix tendue, creusée par la peur. « Un chauffeur avec sa voiture. Il est propre, rien dans son passé pour éveiller leurs soupçons. Mais il ne prendra que des mères avec des enfants. » Ses mots sont restés suspendus entre nous, comme une bouée de sauvetage entourée de fil barbelé. Elle a mentionné la route de Kherson à Zaporizhia, qui s'était ouverte la veille – une artère fragile et fracturée se frayant un chemin à travers les ruines et les checkpoints. Je la connaissais déjà. Nous la connaissions tous. Nous avions tous entendu parler de la voiture qui avait été arrêtée et ses occupants abattus, une famille, les corps affalés à l'arrière, leurs yeux grands ouverts et figés, les vitres éclatées comme des ailes brisées. Mais c'était la seule route – notre seule issue pour échapper à ce cauchemar, si nous avions la chance de survivre.

« Nous sommes déjà deux. Trois enfants. Il reste une place », dit-elle d'une voix teintée de désespoir. « Tu la veux ? » « Oui. » Le mot a glissé avant que je puisse le retenir, et dès que je l'ai prononcé, la panique m'a saisie, détruisant le peu de courage que j'avais réussi à rassembler. Je pouvais l'imaginer – le petit corps de ma fille recroquevillé sur le siège arrière, ses grands yeux confiants, sa petite main tendue vers la mienne, inconsciente des horreurs qui nous attendaient. Cette image griffait quelque chose de profond en moi. Mes mains tremblaient alors que je la rappelais. « Je ne peux pas y aller », ai-je dit, ma voix s'échappant en un murmure. « Je ne peux pas faire ça. Ils pourraient nous tuer. » Elle ne m'a pas promis la sécurité ; elle n'a pas essayé de me rassurer. Sa propre voix était tendue – la terreur d'une mère tissée dans chaque mot. Elle avait peur, elle aussi. Peur d'être déchirée, d'être abattue, de laisser son mari dans la ville occupée. Mais elle avait fait son choix. « Si tu viens », a-t-elle dit, doucement mais fermement, « nous serons là à 9 h. »

J'ai raccroché, et le silence a rempli chaque recoin en m'étouffant. Je pensais à cette route – à ce que cela signifierait de rester, de laisser passer cette chance. Si je restais, je savais qu'il n'y aurait probablement plus d'autre opportunité, plus de portes pour sortir de cette prison. Et si nous partions ? Cette pensée me tordait l'estomac, me paralysait. La pièce vacillait alors que je reprenais le téléphone une dernière fois, le pressant contre mon oreille, sentant le métal froid contre ma peau. « J'irai », ai-je finalement dit, la gorge nouée. « S'il te plaît, viens nous chercher. »

La nuit s'est étirée, chaque seconde se prolongeait sous l'angoisse, chaque minute concentrait une éternité de doutes. Je n'avais dit à personne que je partais. Je savais qu'ils essaieraient de m'en dissuader, de me retenir avec leurs peurs, leur raison, leur amour. Seule, j'ai préparé un sac, mes mains mal assurées, mes pensées s'effilochant. Deux tenues pour ma fille, une pour moi, nos papiers, une bouteille d'eau, un paquet de noix d'un magasin qui ne vendait plus que des produits russes, quelques médicaments. Notre argent était caché dans les semelles de mes chaussures, un dernier lien désespéré. Je fixais le sac, la maigre somme de ce que nous étions, de tout ce que je pouvais emporter, et le doute continuait de s'infiltrer en moi. Je faisais et défaisais mon sac, mes mains engourdies, chaque geste trahissant ma propre détermination tandis que la peur resserrait son emprise sur moi.

Lorsque le matin est enfin arrivé, gris et silencieux, la ville semblait vide, enveloppée d'un calme lourd comme du plomb. Je n'avais toujours pas décidé. Mon cœur s'emballait à l'idée d'un choix que je ne m'étais pas vraiment autorisée à faire. Mais quand j'ai regardé par la fenêtre, elle était là – une voiture sombre, stationnée sur le trottoir, comme une ombre prête à nous avaler. J'ai pris un stylo et griffonné le numéro de passeport de ma fille sur son bras, son nom, le numéro de téléphone de ma sœur. Chaque lettre, chaque chiffre, me déchirait ; je pouvais à peine respirer. J'avais le sentiment de graver ma propre épitaphe sur sa peau. J'ai déchiré un morceau de pain rassis et j'ai glissé un petit paquet de fromage d'un magasin de collaborateur dans ses poches, en lui disant : « Mange ça si je ne suis pas avec toi. » Elle m'a regardée, les yeux remplis de confusion, sans comprendre. Mes mains tremblaient toujours tandis que je soulevais le sac, son poids comme un lest qui nous tirait vers le bas. J'ai balayé la pièce d'un dernier regard – petite, chaleureuse, encombrée de vestiges de nous. C'était notre vie. C'était chez nous. Je l'ai regardée, engourdie. Une tristesse si profonde qu'elle se brouillait aux bords, perdue dans les ombres.

Je ne sentais presque plus mes pieds en descendant les marches, la main de ma fille serrée dans la mienne. Ses doigts étaient froids, mais son étreinte ferme, ses yeux grands et confiants. Je mesurais l'importance de cette confiance qui me causait une brûlante douleur. Elle ne savait pas où nous allions. Elle comptait sur moi pour la protéger, pour la garder en sécurité face aux terreurs invisibles. Mais je ne pouvais plus lui promettre cela. Ici, maintenant, ailleurs – la sécurité était devenue quelque chose que je ne pouvais plus offrir. Chaque pas vers la porte de la voiture résonnait comme une trahison, mon corps tirait en arrière, luttant pour la garder dans ces murs qui n'étaient plus sûrs, mais qui restaient familiers.

La voiture attendait, silencieuse, sombre – une promesse d'évasion enveloppée de danger. Svetlana a ouvert la porte sans un mot, le visage pâle et tiré. Le jeune conducteur s'est tourné vers moi, un mince sourire étirait ses lèvres mais il était incapable de masquer la tension dans ses yeux. Ses doigts tambourinaient sur le volant dans un rythme sourd de nervosité. À l'intérieur, l'autre mère tenait ses deux enfants serrés sur ses genoux, leur visage figé comme celui des statues de pierre. Je ne connaissais pas leur nom. Personne ne parlait. Les enfants restaient silencieux, leurs yeux grands et vides, absorbant une terreur qu'ils ne pouvaient encore nommer. Seuls leurs légers soupirs et les souffles synchronisés des mères remplissaient l'espace. Nous étions liés dans ce silence, chacun de nous se préparait à endurer cette crainte invisible, chacun portait la même peur, comme un second cœur battant sous notre poitrine.

Le conducteur a ouvert le coffre et a demandé où étaient mes bagages. Je me suis penchée en avant et j'ai regardé à l'intérieur, découvrant des sacs massifs entassés – des bouées de sauvetage de fortune remplies de tout ce qui restait de leur vie, rassemblé à la hâte. Mon petit sac paraissait presque absurde en comparaison, je m'accrochais encore à l'illusion que les choses pourraient bientôt redevenir normales. Je lui ai dit que je garderais notre sac à dos avec nous dans la voiture. Il me semblait plus être un bouclier qu'un bagage, quelque chose que je pourrais serrer contre ma fille, une barrière mince entre elle et ce qui nous attendait.

Le conducteur nous a tendu les bandes de tissu blanc qu'il avait préparées, et nous les avons attachées aux poignées de la voiture. Sur les pare-brise avant et arrière, il a écrit en grosses lettres blanches « enfants » – une supplication désespérée à tout soldat que nous pourrions rencontrer. Nous nous sommes rapprochés, nos souffles se mêlant, et avons décidé de qui se cacherait sous quel siège en cas de tirs, promettant de rester calmes et d'être polis envers ceux qui pourraient mettre fin à nos vies. Les mots semblaient lourds et définitifs dans l'air glacé de la voiture. Quelqu'un a chuchoté : « Le plus important, c'est de ne pas les regarder dans les yeux », comme si rencontrer leur regard pouvait briser le fragile sort qui nous maintenait ensemble.

Enfin, nous avons pris la route. Les enfants restaient si immobiles, leurs yeux solennels, bien trop empreints de gravité pour leur âge. J'ai ravalé la nausée qui montait dans ma gorge – un mélange écœurant de peur et de chagrin pour la vie que nous laissions derrière nous.

Le premier point de contrôle russe est apparu alors que nous circulions encore en ville. Les soldats étaient éparpillés, se disputant entre eux, leurs fusils portés négligemment, à moitié pointés les uns vers les autres au gré de leurs gestes. J'ai senti ma respiration se bloquer, mes poumons se figeaient alors que je luttais contre l'envie de crier au conducteur de faire demi-tour. Contre toute attente, un soldat a fait un simple geste de la main pour nous signaler d'avancer. J'ai fermé les yeux, osant à peine croire que nous étions passés. Nous avions eu la chance de passer dans un moment de dispute entre eux. Un soupir collectif a rempli la voiture, un soulagement tacite, partagé comme si nous avions émergé d'un long plongeon et respiré cette première bouffée d'air si précieuse.

La route s'étendait devant nous, déserte et surréaliste. Nous avions imaginé un exode massif – des voitures envahissant les rues, des familles fuyant ensemble dans un flot désespéré. Mais ce vide était troublant. Il n'y avait que le ronronnement du moteur, le bruit étouffé occasionnel d'un enfant, et le poids oppressant de la route devant nous. Cela ressemblait à un sombre présage, comme si tout le monde s'était déjà échappé ou s'était résigné à son sort. En traversant quelques villages, nous avons vu les visages hagards de ceux qui restaient – des femmes âgées serraient des chapelets et se signaient en nous regardant disparaître dans l'inconnu. On entendait presque leurs prières égrainées à voix basse.

Je me suis enfoncée davantage dans le siège, serrant ma fille contre moi, sentant son petit corps raide contre le mien. Le visage du conducteur était fermé, ses yeux passaient de la route au rétroviseur, il était pleinement conscient des vies qui dépendaient de sa stabilité. Svetlana et l'autre mère – une femme dont je n'avais pas osé demander le nom – ne parlaient toujours pas. Dans leurs yeux, je voyais la même supplication qui m'agitait intérieurement, un souhait désespéré de sortir de ce cauchemar, d'atteindre l'autre côté de ce voyage dans l'ombre.

Les bâtiments défilaient. Ils se dissolvaient en traces de lumière et d'ombre, chaque coin familier emportait un autre morceau de nous-mêmes qui glissait au loin. La ville reculait, cédant la place à des champs désolés – des terres criblées de mines, de cratères sombres contre la terre. La route s'étirait devant nous, un horizon inconnu qui nous attirait, nos vies se dénouant kilomètre après kilomètre. Des ombres traversaient l'asphalte, fugaces et tendues ; un chien errant s'est élancé dans une ruelle et a disparu, ne laissant que le silence derrière lui, plus profond, plus sombre, engloutissant tout.

Le prochain grand point de contrôle se dressait devant nous – une sinistre barricade de métal et de sacs de sable, le tricolore ennemi flottait au-dessus. Des soldats armés étaient dispersés partout, leurs visages aussi massifs que des pierres tombales, leurs yeux fixés sur nous avec ce regard creux et sans vie, propre aux hommes dépouillés de toute empathie. J'ai moi-même murmuré une prière, comme si je pouvais protéger ma fille par la seule force de ma volonté.

L'un d'eux a regardé à l'intérieur et nous a fait signe d'avancer. Son indifférence m'a glacée jusqu'à la moelle ; d'une certaine manière, son détachement semblait encore plus dangereux qu'une hostilité ouverte. À chaque point de contrôle, la tension augmentait, s'enroulant plus étroitement, comme une corde sur le point de se rompre. Puis, au barrage suivant, nous avons été arrêtés, cernés de fusils et de chars à moitié enterrés, leurs canons dressés tels des sentinelles au-dessus des champs désolés. Des soldats se sont approchés, fusils en bandoulière, l'épuisement mêlé à une menace sourde et latente. L'un d'eux s'est penché à la fenêtre, son visage marqué de cicatrices était si proche de moi que je pouvais voir la moindre ligne que sa vie y avait gravée. Il empestait l'alcool et ces relents nous faisaient suffoquer. Ses doigts tambourinaient sur la vitre avec une impatiente frénésie. Il a exigé de voir nos papiers et a fait signe au conducteur de descendre. Mon estomac s'est noué en le voyant s'éloigner, je me sentais prise au piège.

Un autre soldat, de sa voix épaisse et rugueuse avec un accent étranger – probablement tchétchène –, nous a aboyé de sortir, nous, les mères, en laissant les enfants dans la voiture. Les doigts de ma fille se sont serrés autour de mon bras. « Mama, non. » J'ai forcé un mince sourire, le goût de la peur âcre sur ma langue. « Reste silencieuse ici, mon amour », lui ai-je conseillé en décrochant ses doigts.

Je l'ai regardée se glisser sous le siège, comme nous l'avions répété, son petit corps s'est replié dans l'ombre. Mes genoux tremblaient, un frisson de terreur électrique m'a parcourue. Je peinais à rester debout.

Le soldat, qui portait des vêtements trop grands, nous a ordonné d'ouvrir le coffre. Svetlana a commencé à expliquer, sa voix brisée par la panique, que ce n'était pas notre voiture. Ses mots se précipitaient dans un flot frénétique, mais j'ai posé la main sur son bras pour la faire taire. J'ai appuyé sur le bouton d'ouverture, et le coffre s'est déployé. Les soldats ont fouillé les sacs, jetant des affaires au sol – des bougies, des allumettes, des couvertures, des conserves –, des objets empaquetés par des mains préparées à tout : l'exil, la survie, peut-être même la mort. Les cris horrifiés des enfants ont résonné depuis l'intérieur de la voiture, perçant le silence. L'absence de la voix de ma fille me transperçait plus violemment que n'importe quel hurlement ; elle était là, cachée, son silence plus assourdissant que les cris des autres.

Enfin, après une éternité, le conducteur est réapparu au sortir d'une tranchée, et le soldat a hoché la tête d'un geste brusque, nous autorisant à avancer. Ses derniers mots, imprégnés de malice, ont fendu l'air comme une morsure : « Nous vous avons libérés, sur l'ordre de notre commandant suprême, et vous fuyez ? Qu'Allah vous punisse sur le chemin. » Ses mots se sont accrochés à moi comme une malédiction. Je pouvais presque voir les balles briser la vitre arrière, entendre le verre se fendre, sentir la finalité de tout cela, mais la route demeurait calme. Contre toute logique, la voiture continuait de rouler, progressant lentement à travers cet air lourd et maudit, comme si elle était épargnée par l'obscurité qui nous encerclait.

Ma fille était assise raide à côté de moi, son petit corps tendu se crispant à chaque secousse de la route, à chaque ombre fugace projetée par les arbres le long du chemin. Elle mangeait son pain, serrant fermement ma main. Elle n'a pas pleuré, n'a pas crié. Ce n'est que lorsque le conducteur a dit : « C'est fini. Nous entrons dans la zone grise » que son corps a enfin relâché son horreur silencieuse. Elle a convulsé, vomi, toute sa peur s'échappant en un instant. Je l'ai tenue contre moi, ma main tremblante alors que je caressais ses cheveux, murmurant des mots de réconfort, même si le poids de tout cela m'écrasait, et que ma propre croyance en la sécurité était presque anéantie.

Puis, à la lisière de tout, nous les avons vus – et il était presque impossible de croire qu'ils étaient réels –, le bleu et le jaune de notre drapeau ukrainien, les soldats ukrainiens. Ils se tenaient droits, leur uniforme impeccable et digne, leur visage s'éclairant d'une reconnaissance qui transperçait le brouillard de la peur. « *Slava Ukraini*[11]*!* » ont-ils appelé, et les enfants, instinctivement, ont répondu par « *Heroiam Slava!* » La voix de ma fille était un filet clair, une étincelle contre l'obscurité que nous avions laissée derrière nous. Et à cet instant, quelque chose en moi s'est relâché, un rire dont j'avais oublié l'existence. Les soldats ont distribué des bonbons, leur voix était douce alors qu'ils demandaient d'où nous venions, parlant avec une déférence qui faisait l'effet d'un baume sur nos blessures à vif. Nous les avons étreints, des larmes coulaient sur nos visages, et dans leurs bras, j'ai ressenti une connexion plus forte que les mots – une solidarité née d'une survie partagée. « Tout sera Ukraine », nous ont-ils promis, leur voix empreinte d'empathie et de respect lorsqu'ils ont appris que nous venions de Kherson occupée.

Alors que nous avancions, le paysage changeait à nouveau, des champs ouverts aux routes sinueuses nous menaient vers l'inconnu, vers un avenir fragile mais réel. La tête de ma fille reposait contre mon bras, sa respiration était redevenue régulière et douce. Pour la première fois depuis ce qui me semblait des années, j'ai permis à mes yeux de se fermer, un instant seulement, en faisant confiance au chemin qui se profilait devant nous. Nous avancions, loin des rues occupées, et ce léger mouvement me semblait être la vie elle-même. J'ai enfin allumé mon téléphone et passé cet appel sacré à mes

[11] « *Slava Ukraini! Heroiam Slava!* » : Un salut ukrainien signifiant « Gloire à l'Ukraine ! Gloire aux héros ! » utilisé en signe de solidarité et de résistance.

parents. « Bonsoir, nous sommes d'Ukraine », ai-je dit dans notre langue, et j'ai entendu leurs larmes de bonheur amer en réponse.

Les volontaires ukrainiens nous ont guidés dans les diverses étapes de l'enregistrement, afin de nous aider à faire nos premiers pas vers la sécurité. Ils nous ont conduits dans une école transformée en centre humanitaire, où nous avons passé notre première nuit sans crainte. À l'intérieur, la chaleur était rassurante – le parfum d'une nourriture faite maison emplissait l'air, et les bénévoles s'affairaient avec des plateaux de soupe et de pain frais. J'ai observé ma fille tandis qu'elle recevait une poignée de bonbons, ceux dont elle avait été privée si longtemps, et une peluche – un lapin, usé mais débordant de réconfort. Son visage s'est illuminé, comme si elle redécouvrait une joie qu'elle avait presque oubliée.

La salle était remplie de matelas disposés en rangées soignées, chacun recouvert de draps fraîchement lavés, soigneusement préparés pour des gens comme nous qui n'avaient nulle part où se reposer. La bonté simple de ces gestes – des draps propres et chauds, des sourires accueillants – ravivait quelque chose de profond en moi, comme si ces petites attentions nous recousaient peu à peu, fil par fil. Allongée là sur le matelas avec ma fille, je me sentais entourée d'une solidarité humaine que j'avais presque oubliée.

Cette nuit-là, des inconnus sont devenus famille, unis par les épreuves partagées et la résilience. Pour la première fois, je me suis autorisée à croire en l'existence d'un monde au-delà de la simple survie, un endroit où ma fille pourrait à nouveau rire librement, où elle pourrait danser sur les airs de son enfance sans l'ombre de la peur. Dans la douce obscurité de cette école, bercée par une nation qui ne nous avait pas oubliés, j'ai ressenti la lueur de ce que je n'avais pas osé nommer depuis si longtemps – l'espoir. Il était fragile mais farouchement réel, une promesse dans la lumière délicate d'un nouveau départ.

Héritage

Ce jour-là, alors que nous franchissions les frontières d'une fragile liberté, j'ai ressenti un changement s'opérer en moi – un mélange de soulagement et de prise de conscience, chaque respiration portait désormais une nouvelle responsabilité. Debout à la limite entre ce que nous avions fui et un avenir incertain, j'ai compris que quelque chose devait changer. Je pensais au soldat ukrainien qui nous avait accueillis au point de contrôle, son uniforme impeccable, son visage résolu, tandis qu'il me rassurait avec une phrase simple : « Tout sera Ukraine. » Comment pouvais-je poser le pied sur cette terre, après avoir échappé à ses ennemis, et continuer à porter la langue de ses agresseurs ? Dans les zones d'Ukraine occupées par la Russie, la langue russe a été imposée dans les écoles, les livres ukrainiens détruits, les bibliothèques, les monuments culturels effacés. Les enfants ukrainiens apprennent une narration russe qui nie la souveraineté et l'histoire de l'Ukraine. C'est la poursuite du schéma historique de la Russie visant à assimiler les Ukrainiens, à effacer leur identité nationale distincte en ciblant leur langue et leur expression culturelle.

J'avais grandi en parlant russe à Kherson – cela faisait partie du quotidien, la langue facile de la ville, utilisée dans chaque magasin, chaque école, la langue vers laquelle tout le monde semblait se tourner en public. C'était simplement comme ça. Mais chaque été, nous nous échappions vers le village de ma grand-mère, un îlot d'identité ukrainienne dans le Sud, fondé par des familles déplacées de l'Ouest après la guerre. Là-bas, personne ne parlait russe, pas même un mot. Essayer de le faire semblait presque déplacé, comme une intrusion. Ma grand-mère, la personne la plus douce que je connaissais, se raidissait dès qu'un mot de russe s'échappait de notre bouche. Pour elle, le russe n'était pas simplement une langue. C'était une ombre, un symbole d'un empire qui, encore et encore, avait tenté de nous effacer – un empire qui avait affamé sa famille pendant l'Holodomor[12],

[12] La famine artificielle en Ukraine (1932-1933), orchestrée par le régime soviétique de Staline, qui a causé des millions de morts parmi les Ukrainiens.

qui nous avait privés de dignité, et même de mots. Dans le village, il y avait une vieille femme, une amie de ma grand-mère, qui venait déjeuner chez nous chaque jour. Chaque fois, elle répétait la même histoire, une histoire destinée à me convaincre de finir mon assiette. « Un jour, ma mère m'a donné du pain avec du beurre et de la confiture, et je l'ai jeté derrière la maison parce que je voulais aller jouer. Ensuite, ils sont venus pour la "collectivisation[13]" et ils ont tout pris – notre nourriture, le grain, nos couvertures, et même nos vêtements neufs. Ce morceau de pain avec du beurre et de la confiture, je l'ai rêvé toutes les nuits. Je pleurais dans mes rêves. » Elle pleurait aussi, chaque fois qu'elle racontait cette histoire, chaque jour. Et à la fin, elle ajoutait toujours que « eux » parlaient russe – « à la *moskal*[14] », disait-elle avec une pointe de mépris.

À Kherson, cependant, le russe détenait une autorité tacite. L'ukrainien était perçu comme une relique rustique – rural et désuet, une langue qu'on cachait ou qu'on adoucissait – tandis que le russe portait une étrange, presque insidieuse, sophistication, la langue des « éduqués ». En y repensant, je vois maintenant à quel point il était dangereusement facile de le croire, de laisser ces règles tacites infuser en nous et nous façonner. Les rouages en étaient si subtils, si invisibles, qu'on ne les remarquait même pas – jusqu'au jour où, enfin, on essayait de parler librement.

Pendant l'occupation, j'ai compris que la langue était bien plus qu'un moyen d'expression ; c'est une arme. Quand ils sont venus « protéger la population russophone », ceux qu'ils ont arrachés de

[13] Politique soviétique imposée dans les années 1920 et 1930 visant à abolir la propriété privée dans les campagnes et à regrouper les terres et les moyens de production agricoles dans des fermes collectives. En Ukraine, cette politique a entraîné une répression brutale, des expropriations massives et la famine artificielle de l'Holodomor (1932-1933), causant des millions de morts.

[14] Terme péjoratif d'origine historique utilisé par les Ukrainiens pour désigner les Russes, en particulier ceux liés à l'administration ou à l'armée impériale russe, puis soviétique. Ce mot exprime souvent un mépris ou un rejet lié à l'oppression impériale et à l'assimilation culturelle imposée par la Russie.

chez eux, ceux qu'ils ont torturés, étaient ceux qui parlaient ukrainien – ceux qui osaient porter notre histoire, notre identité, nos cicatrices. Notre langue était devenue de la défiance, un crime, comme elle l'avait été durant des années de répression et de peur. Les sons de cette langue, autrefois banals, étaient désormais marqués, dangereux. Je savais alors que continuer à parler russe, c'était perpétuer un héritage d'effacement. Et je sentais, au plus profond de moi, qu'il était temps de s'en libérer.

J'avais toujours entendu dire que l'ukrainien comptait parmi les langues les plus mélodieuses. Pourtant, même la beauté de nos mots n'a pas pu effacer des siècles d'efforts russes pour nous faire sentir insignifiants. Pour eux, nous étions des малороссы – des « petits Russes », ou simplement des *хохол*, *khokhol*, des insultes destinées à nous diminuer pour avoir refusé d'abandonner notre culture, notre langue, notre esprit. La langue était utilisée comme une arme, pour nous réduire, pour insinuer que nous n'étions qu'une extension d'eux. Le russe n'était pas seulement un moyen de communiquer ; c'était une imposition, une blessure, une présence qui s'insinuait dans nos vies bien avant que les soldats n'arrivent. Chaque mot russe que j'ai jamais prononcé porte en lui un écho d'obéissance, une trahison dont je n'avais jamais pris conscience. Je comprends maintenant que le russe peut rester un outil de survie ou de connaissance, mais jamais plus il ne sera ma langue.

Il y a tant de mots magnifiques en ukrainien, mais depuis l'invasion, un mot résonne par-dessus tout – перемога, victoire. Le préfixe пере- suggère un dépassement, un « aller au-delà », tandis que la racine porte la force, la capacité. C'est un mot qui ne se contente pas de réclamer la victoire ; il exige que l'on dépasse ce que l'on pensait pouvoir supporter. C'est ce que je dois faire, ce que nous devons tous faire, après avoir émergé des cendres de ce qu'ils ont essayé de faire de ma ville natale, de mon peuple.

Je me suis fait une promesse : je parlerai ukrainien, toujours. Quand je regarde mon enfant, je ressens l'importance de cette promesse. Elle grandit dans une époque qui façonnera sa compréhension de qui elle est, de ce que signifie être ukrainienne. Comment puis-je lui demander d'être fière si je m'accroche à la langue de ceux qui ont cherché à nous effacer ? Que pourrai-je lui dire si, dans quelques années, elle me demande : « Mama, pourquoi as-tu choisi leurs mots ? » Je ne peux pas lui offrir le silence – pas maintenant, pas dans ce moment si charnière.

Ce choix ne concerne pas seulement ma personne. C'est un fil qui me lie aux générations qui ont résisté. Mes grands-parents ont vécu sous des édits russes conçus pour effacer notre langue – la circulaire de Valuev[15], qui qualifiait l'ukrainien de « dialecte inexistant », le décret d'Ems[16], qui l'a banni de nos écoles et de nos théâtres. Mes parents ont grandi dans l'Ukraine soviétique, où l'on prêchait l'« égalité » au prix de notre identité nationale. Le russe est devenu une langue de contrôle, d'identité imposée, jusqu'à ce que ma propre voix en ressente le poids.

Et ce n'est pas seulement mon combat. Je dois à ma fille de lui offrir une langue non marquée par ce triste héritage, une langue imprégnée de la vérité de ce que nous sommes. Je le dois aux défunts, à ceux qui sont morts en parlant et en défendant cette langue. Depuis le 24 février, l'ukrainien est devenu bien plus que notre langue. C'est une ligne tracée dans le sable, une défense. Je pense à la façon dont nous avons tissé notre langue dans notre résistance, jusqu'à en faire un mot, паляниця, *palyanytsya*[17] – le mot pour le pain –, un test d'identité, un shibboleth. Les locuteurs russes trébuchent sur ses sons, incapables de reproduire la douceur, la précision qui viennent de notre terre et de ses rythmes.

[15] Un décret de 1863, émis par le ministre russe Piotr Valuev, visant à interdire l'utilisation de la langue ukrainienne dans les publications religieuses et éducatives.

[16] Un décret de 1876 signé par Alexandre II, visant à supprimer l'utilisation de la langue ukrainienne dans l'Empire russe, en interdisant la publication et l'importation de textes en ukrainien.

[17] Le mot паляниця (*palyanytsia*), qui signifie « pain » en ukrainien, était utilisé dans les premiers jours de la guerre comme test pour identifier les Russes infiltrés, car sa prononciation est difficile pour les russophones.

Chaque mot ukrainien que je prononce désormais est une reconquête, un pas en avant. Cette décision de parler uniquement l'ukrainien est une manière d'honorer les voix réduites au silence avant moi. Je veux que mon enfant hérite d'une langue qui a une signification, qui dit la vérité, qui la protège. Je veux qu'elle porte des mots qui soient entiers, intacts, non souillés par des mains coloniales. Comment pourrions-nous survivre en tant que nation si nous enterrons le cœur de celle-ci – notre langue ?

Plus de russe, par choix. C'est la seule façon de vivre pleinement, de résister totalement en ces temps de guerre. Peu importe ce qu'ils nous prennent, tant que nous parlons nos mots, nous restons. Nous sommes ukrainiens, et cette langue est notre survie, notre mémoire, notre promesse d'un avenir.

Présence

Et pourtant, résister ne signifie pas seulement parler. Cela signifie aussi rester – ou revenir. Retrouver ma famille, c'était comme apercevoir la lumière après avoir traversé un long tunnel sombre – un soulagement si profond qu'il frôlait l'incrédulité. Quand je suis enfin sortie de l'ombre de l'occupation, laissant derrière moi le silence, les points de contrôle, la peur, je souhaitais seulement voir mes parents m'attendre. Leurs visages, marqués par l'inquiétude et le temps, m'ont donné un rare instant de soulagement. Et juste derrière eux, je l'ai aperçue. Ma sœur.

« Tu es là ? » Les mots ont glissé de mes lèvres abasourdies. Ma sœur, celle qui avait quitté l'Ukraine il y a presque vingt ans, qui avait construit sa vie en France, qui semblait avoir trouvé sa place dans le monde. Je l'avais imaginée ici, bien sûr, mais seulement en rêve, jamais de cette manière : debout sur le sol ukrainien ravagé par la guerre.

Elle m'a regardée avec un mélange de fatigue et de défi. « Oui, je suis là », a-t-elle dit, un petit sourire las au coin des lèvres. « Surprise. » J'ai peiné à y croire. « Tu as tout quitté ? » Elle a hoché la tête, ses yeux plongés dans les miens, sa voix sans détour. « Qu'est-ce que je faisais là-bas ? Aller au travail, voir des amis, pendant que toi... pendant que tout ça se passait. Chaque jour, j'avais l'impression de... d'échouer, d'une certaine façon. Regarder tout ça à distance, comme si je pouvais continuer à vivre normalement. C'était devenu impossible. » Elle a laissé échapper un rire amer. « Ça a fini par me sembler la chose la plus égoïste que je pouvais faire – rester là-bas, à me dire que je ne pouvais rien changer. » « Mais qu'est-ce que tu peux faire ici ? » ai-je demandé, malgré moi. Elle a haussé les épaules. « Je n'en sais rien. Mais être là-bas, prétendre faire partie d'un monde civilisé, que tout allait continuer comme avant – c'était un mensonge. Je n'ai pas d'illusions. Je ne suis pas courageuse, je ne suis pas une combattante. Mais je ne pouvais plus simplement rester spectatrice. »

Elle a saisi mon bras, ses doigts s'enfonçaient légèrement dans ma chair. « Je ne suis pas ici pour changer les choses, et je ne pense pas être héroïque. Mais je suis là. Je ne peux plus regarder tout ça de loin. Quoi qu'il arrive, j'ai besoin d'être ici, même si c'est tout ce que je peux offrir. » Elle a fait une pause, et j'ai reconnu celle qu'elle avait toujours été. Levant un sourcil avec un sourire en coin, elle a continué : « Et je savais que tu ne partirais jamais. Comment aurais-je pu te convaincre de venir en France alors que tu es exactement là où tu veux être ? » Un instant, j'ai ressenti tout le poids de sa décision.

Et moi, où devais-je être ? Ce choix, que chacun autour de moi semblait avoir déjà fait – rester ou partir –, me paraissait insurmontable.

Décision

Mes parents, dix ans de plus mais vivants ; ma sœur, les yeux assombris. À cet instant, alors que nous nous tenions les uns contre les autres, la lourdeur de la survie se dissipait. Nous avions échappé, survécu, nous étions réunis, pourtant le monde n'avait pas changé. La ville, les gens que nous avions laissés derrière, la guerre – tout cela restait. Et désormais, debout dans ce refuge fragile, une question me serrait fort la poitrine : Et maintenant ?

Ils m'ont exhortée à partir ailleurs, dans un endroit plus sûr, loin d'ici. La voix de ma mère était douce, suppliante, sa peur maternelle à peine voilée. « Emmène Solomiya quelque part où il y a la paix », a-t-elle murmuré, comme si le calme pouvait effacer tout ce que nous venions de traverser. Ma sœur, alors qu'elle était décidée à ne pas quitter l'Ukraine dévastée et résolue à rester pour soutenir, a insisté : « Il n'y a rien de bon pour l'enfant ici. » Leurs mots résonnaient, creux, contre les murs de mon esprit. Comment pourrais-je fuir cela, laisser d'autres porter la lutte, et appeler cela la paix ? Je regardais ma fille et me demandais : Quel genre d'avenir lui offrirai-je si je choisis la sécurité plutôt que la justice ?

Les visages de ceux que nous avions laissés, amis, voisins qui n'avaient pas pu partir et dont les vies étaient désormais liées à l'occupation de la ville, restaient gravés dans mon esprit, témoins silencieux, rappelant que la liberté n'est pas un cadeau à garder pour soi. Je pensais aux générations avant nous, à ceux qui ont tout risqué pour protéger un pays qui semblait toujours nous glisser entre les doigts. L'Ukraine a survécu grâce à une résurrection constante, une nation renaissant par défi. Je ressentais le poids de cette histoire, des innombrables fois où nous avons dû prouver notre droit d'exister, de reprendre ce qui nous appartenait.

Nos ancêtres ont fait face à des obstacles insurmontables, et pourtant ils ont combattu. Les cosaques[18] se sont levés contre la domination russe, défendant leur identité au prix de leur vie. Plus tard, durant les années brutales du régime soviétique, les hommes et femmes de l'Armée insurrectionnelle ukrainienne se sont réfugiés dans les forêts, refusant de se rendre, même lorsque l'espoir semblait être un luxe qu'ils ne pouvaient plus se permettre. Dans

[18] Les cosaques ukrainiens étaient des guerriers libres et autonomes des steppes d'Ukraine. Connus pour leur esprit d'indépendance et de bravoure, ils ont combattu pour défendre l'Ukraine contre les invasions.

les années 1960, les шістдесятники[19] ou soixantards – dissidents, poètes, artistes ukrainiens – ont risqué la prison, certains leur vie, pour dire la vérité sur ce que signifiait être ukrainien sous la domination soviétique. Leur résistance était un témoignage, un refus de disparaître.

Je me souvenais des mots de Taras Shevchenko[20], dont le vers résonne comme un battement de cœur pour chaque Ukrainien qui refuse d'être effacé : « Борітеся, поборете » – Combattez, et vous triompherez. Ses mots n'étaient pas juste de la poésie ; c'était un commandement, un appel à travers le temps pour chacun de nous. Comment pourrais-je, debout dans cette paix fracturée, ignorer cela ?

Une part de moi hésitait, poussée par un instinct maternel farouche : protéger ma fille, coûte que coûte. La voix de ma mère résonnait dans mon esprit, m'enjoignant de l'emmener là où il n'y avait pas de guerre. Mais la sécurité, je le sentais, pouvait devenir une autre forme de captivité. Si je partais – si j'abandonnais ce combat – quel genre de mère serais-je pour elle ? Je me débattais avec cette question : qu'est-ce qu'être une bonne mère en des temps comme ceux-ci ? Suis-je une bonne mère si je la garde tout près de moi pendant que le monde s'effondre autour de nous, si je la protège du pire ? Ou suis-je une meilleure mère en me battant pour sauver ce monde pour son avenir ? Est-ce que je remplis mon rôle en restant à ses côtés, ou bien en la quittant pour accomplir quelque chose de plus grand pour elle, pour notre peuple ? La réponse me semblait une énigme sans fin.

Être une femme en temps de guerre, c'est habiter deux mondes à la fois – un cosmos façonné par la peur et la résilience. Vous protégez vos enfants avec une férocité instinctive, vous vous protégez de la violence, et vous affrontez les jugements des autres, qui tombent

[19] Membres d'un mouvement intellectuel et artistique en Ukraine dans les années 1960, luttant contre la censure soviétique et pour la liberté culturelle et nationale.

[20] Poète national ukrainien, figure centrale de la littérature ukrainienne et symbole de la lutte pour l'indépendance et l'identité culturelle de l'Ukraine.

comme des pierres. Si vous partez, on vous accuse de lâcheté ; si vous restez, on vous reproche de mettre vos enfants en danger. La survie elle-même devient un terrain de bataille morale, un équilibre précaire entre la sécurité et le devoir.

Pourtant, la question qui pesait sur moi allait au-delà de la culpabilité ou du jugement des autres. Elle était plus profonde, liée à une conscience élargie de ce qui était en jeu, de ce que signifiait vraiment cette lutte. Je pensais aux jeunes hommes et femmes qui, chaque jour, se tenaient au front, affrontant la mort pour défendre quelque chose de plus grand qu'eux-mêmes. Et à cet instant, il m'est apparu clairement qu'il existait maintenant en moi un type de larmes inconnu jusqu'alors, des larmes qui ne se formaient pas seulement à cause de la tristesse ou de la peur.

Ces larmes nouvelles, nées des profondeurs de notre expérience, semblaient couler d'un abîme sans fond, comme si une source infinie de désespoir s'était ouverte. Ces larmes tomberont chaque année de nos yeux, le 11 novembre, aux coordonnées 46°38'33" N, 32°37'30" E – un rituel muet pour ceux qui ont traversé l'obscurité indicible. Ce jour-là, les forces armées ukrainiennes ont libéré notre ville. Ce ne sont pas des larmes ordinaires ; elles sont le stigmate de l'angoisse et de l'épuisement, tissées de la terreur quotidienne de l'occupation. Elles sont nées de la peur constante de chercher du pain, traqué par le regard d'une ombre armée. Elles sont des larmes de défi, car nous osons croire, malgré tout, que même l'enfer a une fin.

Respirer sous l'occupation, c'était comme être écrasé sous une dalle de pierre, la poitrine comprimée, réduisant nos poumons à des fragments de ce qu'ils étaient. Cette obscurité ne nous quittera jamais ; elle s'est installée en nous, une cicatrice gravée dans notre ADN, marquant des générations à venir. Je me souviens de tout – le silence semblable à une tombe, une quiétude menaçante qui se glissait sous la peau, tranchante et implacable. Notre maison était devenue une prison, gardée par des visages cruels et imprévisibles, des étrangers qui nous considéraient comme leurs biens sur une terre qu'ils s'étaient appropriée. Nous avons été dépouillés de notre sécurité dans le lieu même où elle aurait dû être notre droit. Mon enfant, privée de son enfance.

Aujourd'hui, nous comprenons pleinement le mot « liberté » dans toutes ses nuances, ses goûts, ses textures, chaque précieuse couche qu'il renferme. La liberté, c'est l'air – un souffle sans restriction, qui emplit les poumons totalement et librement. La liberté, c'est l'aube après une nuit interminable et glaciale ; c'est le chant fragile des oiseaux brisant le croassement quotidien des corbeaux, devenu notre seule mélodie.

Ce jour de libération, ce 11 novembre, était comme sortir d'un coma. Un doux réveil, une renaissance, où les ombres qui nous étouffaient se sont enfin dissipées dans la lumière. Une gratitude infinie, éternelle, m'a envahie pour ceux qui nous ont libérés, et pour ces civils qui n'ont pas seulement survécu – ils ont résisté d'une manière que peu peuvent imaginer, une rébellion silencieuse au cœur du désespoir. Mais cette gratitude va de pair avec une grande culpabilité envers ceux qui ont libéré Kherson des occupants. Pourquoi étaient-ils prêts à tomber pour ma ville, alors que j'avais fui ?

Le minimum que je leur devais – le minimum que je me devais – était de prendre une décision enracinée non pas dans la peur, mais dans la conviction. Alors, je me suis demandé : pourrais-je les rejoindre ? Pourrais-je prendre une arme, avancer sur cette ligne de front, et faire partie de cette lutte ? Ce n'était plus une question de survie, mais de but, de dignité. Je sentais l'urgence de reconquérir notre avenir, de me tenir aux côtés de ceux qui refusent de céder la moindre once de notre pays. Le visage de ma fille, innocent, était un rappel de ce qui était en jeu. Elle mérite un monde où elle peut vivre sans la peur constante de tout perdre, un monde où la survie ne se troque pas contre le silence.

L'idée de rejoindre le combat me terrifiait, mais l'alternative – une paix arrachée dans la soumission – m'apparaissait comme une trahison envers tous ceux qui avaient tant sacrifié. Je voyais les visages des jeunes soldats que nous avions croisés, fatigués mais portés par une force indomptable. Ils étaient là, non par facilité, mais parce que c'était nécessaire. Et si je ne les rejoignais pas, si je ne donnais pas tout ce que j'avais, que pourrais-je dire sur l'avenir que je voulais pour ma fille ?

J'avais échappé à une forme de captivité, mais la liberté, je le comprenais désormais, vient avec ses propres exigences. Rester en vie ne suffisait plus. Je devais cela à ceux qui continuaient la lutte, aux siècles de résistance, à la conviction que nous méritons d'être debout, entiers et inébranlables. Dans cette guerre, la liberté signifie non seulement survivre, mais protéger cette survie, à tout prix. Et maintenant, je savais ce que je devais faire. Le choix que je m'étais refusée a nommer jusque-là se dessinait clairement.

Promesse

Ce petit appartement dans les Carpates[21], notre refuge, était à la fois un havre et un rappel obsédant de ce que nous avions perdu. Je m'en éloignais maintenant, emportant avec moi le poids de chaque mot, de chaque regard échangé entre ses murs. C'est le genre d'endroit dont nous aurions pu rêver autrefois – l'air doux, la beauté vaste et luxuriante –, un sanctuaire éloigné des échos de la guerre. Mais malgré toute sa tranquillité, chaque jour passé ici nous rappelait tout ce que nous avions laissé derrière. Au fil de ces mois, nous nous sommes retrouvés, reconnectés, et avons tenté de sculpter un semblant de normalité. Nous luttions pour survivre – sous le poids de blessures psychologiques que nous comprenions à peine, face aux limites imposées sur le travail et notre faible revenu. Nous nous répétions qu'il fallait être reconnaissants, qu'il fallait nous accrocher au réconfort que cet endroit nous offrait.

Bien sûr, c'était ma fille, Solomiya, qui nous apportait à tous la plus grande force. Elle avait grandi durant ces mois, et chacune de

[21] Chaîne de montagnes située à l'Ouest de l'Ukraine, les Carpates sont un lieu emblématique de culture, de mythes et de nature dans l'identité ukrainienne.

ses danses, chacune de ses chansons était un baume contre le désespoir, un petit acte de résistance. Souvent, elle chantait *Ой, у лузі червона калина*, *Oi u luzi chervona kalyna* – l'hymne de la résilience qu'elle ne comprenait sans doute pas pleinement. C'était le chant des *Sichovi Striltsi*[22], les Fusiliers de la Sitch ukrainienne – un appel à la force et à la dignité. Elle l'avait sans doute appris auprès des musiciens de rue. Pourtant, la manière dont elle le chantait, sa voix s'élevant à chaque couplet, me remplissait de quelque chose de plus profond que l'espoir : la fierté. La voir, jeune et libre, grandissant avec une conscience de sa personne, de son héritage, m'indiquait que nous faisions le bon choix. Elle était encore une enfant, mais dans cette voix, il y avait quelque chose d'indestructible.

Je regardais ma famille, blottie ensemble dans cet espace restreint que nous avions tenté de transformer en foyer. Mon père, habituellement le pilier, était assis en silence, son regard lourd d'une tristesse que je ne lui avais jamais vue. Il ne voulait plus quitter la maison ; parfois, j'avais l'impression qu'il ne voulait plus vivre. Quand j'étais enfant, c'était toujours lui qui portait la famille, son rire nous rassurait à travers chaque épreuve. Je me souviens des années sombres et affamées de la décennie 1990, quand les emplois étaient rares et que nous n'avions presque rien. Il cumulait trois jobs, rentrant tard, épuisé mais toujours prêt à nous relever. Quand les temps étaient tristes, c'est lui qui apportait de la gaieté. Il organisait de petits concerts dans le salon, nous faisait rire alors qu'il n'y avait aucune raison de rire, nous apportait de la joie quand il semblait n'y avoir aucune raison d'en ressentir. Même lorsque nous pouvions à peine nous permettre des achats essentiels, il dépensait la moitié de son salaire en friandises et en fruits, des douceurs que nous n'imaginions pas avoir le droit de désirer. Je le revois avec ce sourire espiègle, nous tendant des trésors qu'il avait dénichés on ne sait où, nous exhortant

[22] Les « Fusiliers de la Sitch », une unité militaire ukrainienne fondée pendant la Première Guerre mondiale, qui a lutté pour l'indépendance ukrainienne.

à savourer la douceur, même quand la vie semblait amère. Il était notre digue contre le désespoir.

Mais ici, dans cet appartement loué, la lumière en lui s'est éteinte. Il ne pouvait pas affronter cette dernière humiliation que la vie lui imposait. Le père qui nous montrait toujours sa force, qui pouvait tirer de la joie des plus petites choses, était assis, usé, l'esprit émoussé. Je me demande si en ce temps les hommes se brisent plus facilement que les femmes, que les mères. Peut-être que la survie, sous sa forme la plus primordiale, est inscrite plus profondément chez les mères, ou c'est trop banal comme idée ? Elle nous pousse à avancer, épreuve après épreuve, effaçant de notre mémoire l'option d'abandonner. Alors que nous étions assis ensemble, le silence entre nous contenait le poids de mille adieux, chacun plus lourd que le précédent. Ses épaules s'affaissaient, son regard était souvent perdu, comme s'il passait au crible les souvenirs de la vie qu'il avait bâtie pour nous, pour la voir finalement réduite en cendres.

Ces derniers mois nous ont tous usés, chaque jour nous rapprochait de la souffrance de toute notre nation. Tragédie après tragédie, elle s'est enracinée dans nos os. Les noms – Marioupol[23], Boutcha, Irpin, Borodyanka[24], Bakhmout[25], Yahidne[26] — s'ajoutent

[23] Marioupol, une ville portuaire du Sud-Est de l'Ukraine, a subi l'un des sièges les plus longs et les plus destructeurs de l'invasion russe de 2022. La chute de la ville en mai 2022, après des mois de combats et de lourdes pertes civiles, a marqué un tournant dans le conflit.

[24] Boutcha, Irpin, Borodyanka : des villes près de Kyiv, théâtre de massacres de civils pendant l'occupation russe, qui ont révélé des crimes de guerre largement condamnés au niveau international.

[25] Une ville de l'Est de l'Ukraine, connue pour être un point de conflit acharné dans la région du Donbas pendant l'invasion russe, et complètement effacée par les forces russes.

[26] Yahidne est un village situé dans l'oblast de Tchernihiv, en Ukraine. En mars 2022, lors de l'invasion, les forces russes ont contraint environ 350 habitants, dont des enfants et des personnes âgées, à s'entasser dans le sous-sol exigu d'une école pendant près d'un mois. Les conditions étaient insalubres, avec un manque d'air frais, de nourriture et d'eau, entraînant la mort de plusieurs personnes. Des témoignages ont également fait état de tortures infligées aux civils par les soldats russes.

à Kherson, et chacun d'eux incarne un témoignage des horreurs que notre peuple a endurées. Nous avons vu des images qui ne nous quitteront jamais : des ruines de maisons, des familles déchirées, des preuves d'une cruauté qui s'enfonce dans des profondeurs inimaginables. Chaque histoire, chaque nom, chaque corps violé, chaque ville détruite pèsent sur moi, et identifient le besoin de dépasser la simple survie.

Quand on pense à la perte, notre esprit se tourne vers la mort ou les décombres fumants d'une maison. Mais la guerre vous apprend que la perte revêt de nombreux visages. J'ai appris à comprendre l'importance de pertes si subtiles, si intimes qu'elles glissent dans le silence et sont presque impossibles à nommer. Certaines pertes sont vastes, insupportables : la mort silencieuse de la forêt de Kherson, où chaque arbre était familier, chaque sentier connu, désormais réduite en poussière. Les rivages d'une île de mon enfance, maintenant creusés de cicatrices, minés par des mains invisibles. La maternité que je ne peux plus pleinement vivre. L'enfance volée de ma fille.

Et puis il y a les pertes plus sinueuses – votre sentiment de sécurité, la capacité de faire des projets, la façon dont vous regardiez autrefois le monde comme s'il était entier. Vous perdez des fragments de vous-même, des morceaux d'une vie qui semble maintenant étrangère. Même la langue devient une perte, un champ de bataille. Des mots autrefois aimés, autrefois chuchotés dans l'intimité douce de la famille, portent maintenant l'écho d'une trahison. Nous perdons notre passé, la certitude de ce que nous étions, alors que chaque mot, chaque syllabe, devient une déclaration d'appartenance, une question d'allégeance.

Ces pertes ne s'arrêtent pas à ce que nous avons laissé derrière. Elles s'infiltrent dans notre présent, nous défient, nous demandent quelque chose. Elles nous poussent à continuer, à lutter pour un avenir encore à construire, pour un foyer encore à restaurer. Je sens ce défi s'installer en moi comme une braise refusant de s'éteindre. Chaque perte est un appel – un appel à reconstruire, à reconquérir, à nous retrouver au milieu des cendres.

Et ce défi n'était pas seulement abstrait ; il était devenu concret, présent, inévitable. L'air semblait dense dans cet appartement, chargé de mots non prononcés. Je savais ce que je devais faire. La décision avait été prise il y a des semaines, forgée dans des conversations en larmes qui nous avaient tous laissés brisés. J'ai regardé ma famille – mon père, autrefois un roc, maintenant vidé par le chagrin ; ma mère, debout à ses côtés, ses yeux scintillant d'un espoir désespéré que je change encore d'avis.

La lumière inondait la pièce, illuminant le sac près de la porte. À l'intérieur, mon uniforme était plié, prêt – une nouvelle peau que je m'apprêtais à revêtir, une version de moi-même en attente. À côté, la robe bleue de Solomiya captait la lumière, vive et délicate, de la couleur d'un ciel sous lequel elle mérite de grandir, libre de toute peur. Ces éléments – mon uniforme et sa robe – contenaient deux mondes opposés : l'innocence que je dois protéger et le sacrifice que j'étais prête à faire. Dans mon sac, la nécessité et le devoir étaient côte à côte.

Alors que ma sœur tenait Solomiya dans ses bras, ma fille se tortillait, tendant les mains vers moi, son rire rompant le silence, ses petites mains s'ouvrant et se refermant avec impatience, inconsciente de la gravité de ce moment. Les bras de ma sœur se resserraient autour d'elle, et lorsqu'elle me regardait, ses yeux – autrefois le reflet des miens – étaient assombris par une peur qui n'était pas là auparavant.

Ma mère se tenait à ses côtés, les mains jointes, ses lèvres tremblaient alors qu'elle luttait contre les larmes. Elle s'approchait, sa main proche de la mienne, comme si le moindre contact pouvait m'attacher ici, m'empêcher de partir. « Ce n'est pas ce que nous voulions pour toi », a-t-elle dit, sa voix brisée. « Tu peux encore changer d'avis. » Dans ses yeux, je voyais le reflet d'une vie qui n'existait plus – la vie où nous étions simplement une famille essayant de survivre, pas une famille en guerre.

Mais aussi fort que je désirais cette vie perdue, je savais que je ne pouvais pas y retourner. Si ce n'était pas ma guerre, alors ce n'était pas mon pays. Je n'aurais jamais pu faire face à ma fille en sachant que j'avais tourné le dos au monde dont elle hériterait. La liberté ne peut être méritée si nous l'abandonnons lorsqu'elle appelle.

Un instant, un élan de peine m'a traversée, comme un pincement au cœur, alors que ma sœur ne disait rien au moment où je m'apprêtais à partir. Puis, elle a fait un pas en avant et a glissé quelque chose dans mes mains : une *motanka*[27], cette petite poupée sans visage, enveloppée de tissu et de fil, un talisman de protection que les Ukrainiens fabriquent depuis des siècles. La sienne était habillée d'un bleu profond et de jaune éclatant, ses fils serrés, symboles de résistance et de force. Sans yeux, juste une croix à la place du visage, la *motanka* se tenait là comme une gardienne silencieuse, une bénédiction qui allait au-delà de toute symbolique religieuse. C'est une tradition qui n'appartient qu'à notre peuple, une protection qui se transmet de génération en génération, unique à notre terre, imprégnée de notre histoire. C'était sa façon de me dire tout ce qu'elle ne pouvait exprimer autrement – qu'elle s'inquiétait, qu'elle croyait en moi, et qu'elle serait là, dans l'ombre, à m'accompagner et à me soutenir à chaque pas.

Je les regardais tous une dernière fois – mon père, l'homme qui ne nous avait jamais laissées sentir à quel point les choses étaient sombres, désormais face à une obscurité qu'il ne pouvait plus cacher ; ma mère, ses yeux emplis d'une douleur qu'elle gardait silencieuse ; ma sœur, mon alliée d'une honnêteté sans détour, serrant Solomiya contre elle. Et Solomiya, fredonnant *Oi u luzi chervona kalyna* de sa petite voix claire – un rappel vibrant que tout ce que je faisais, je le faisais pour elle, pour tous les enfants qui méritent de grandir libres.

[27] La *motanka* est une poupée traditionnelle ukrainienne, faite à la main, sans visage, et souvent utilisée comme talisman protecteur. Fabriquée avec des tissus, du fil et des matériaux naturels, elle symbolise la protection, la sagesse et le lien avec les ancêtres. La *motanka*, par sa simplicité et son absence de traits faciaux, est censée concentrer une énergie positive et protéger la maison contre les influences négatives. Elle est profondément enracinée dans la culture ukrainienne, représentant la force spirituelle et l'identité culturelle du pays.

Je savais qu'en franchissant cette porte, je marchais vers l'inconnu. Mais j'y allais avec la *motanka* serrée dans ma main, avec le chant de ma fille gravé dans mon esprit, et avec la certitude que chaque pas m'éloignait un peu plus de la peur et me rapprochait de la liberté.

Sur la route, mon sac lourd sur l'épaule, chacun de mes pas renforçait cette nouvelle certitude. L'air matinal avait une fraîcheur tranchante, imprégné d'un parfum de terre humide et de feuillage. Devant moi, la ligne des montagnes dessinait un horizon silencieux et impassible, témoin des promesses que je portais en moi. Mon souffle se mêlait à l'air vif, calme et déterminé, chargé d'une force tranquille, brute mais inébranlable.

Je pensais à tous ceux restés derrière, à ceux qui se battaient déjà, à ceux qui attendaient, sous les bombes, de retrouver un semblant de vie. Je pensais à ma fille, Solomiya, à son rire cristallin, à ses petits bras autour de mon cou ce matin-là, inconsciente du chemin que je m'apprêtais à prendre pour elle, pour son avenir, pour ce pays qui est le nôtre.

Et dans le silence coupant du matin, je murmurai une dernière fois : « C'est pour toi, Solomiya. »

CHAPITRE II
LETTRES DU CORPS EN GUERRE

Rejet

Ils m'ont dit de rentrer chez moi. Trois fois, comme un commandement. Avant même de franchir la porte du bureau de recrutement, j'avais répété mes mots, je les avais polis comme une lame. Un discours dépouillé de toute douceur, vidé de la moindre émotion – parce que je savais que c'était à cet endroit qu'ils trouveraient leur excuse. Les émotions. Le prétexte parfait pour me disqualifier, en tant que femme. C'était ce que je pensais.

Je me tenais là, les poings serrés, mes mots solides comme des pavés prêts à être lancés. Mais ils ne m'ont pas laissée parler. Le garçon derrière le bureau – il ne devait pas avoir plus de vingt ans – a levé les yeux, le regard terne, et a dit : « Madame, s'il vous plaît, rentrez chez vous. » À côté de lui, un homme aux cheveux grisonnants, la bouche mince et méprisante, a ajouté : « Nous n'avons pas le temps. Vous n'êtes pas ce qu'il nous faut. » Comment pouvaient-ils le savoir ? Ils ne m'ont même pas demandé si j'avais une formation. Je n'en avais pas, certes, mais peu importait. Tout ce qu'ils voyaient, c'était une femme. Est-ce cela, ce qu'on appelle dans les autres langues le « patriarcat » ? Est-ce parce que je suis une femme que je suis déjà écartée ? Trop de féminité, pas assez de soldat.

Je suis restée sur place, mon immobilité en défi. Mon souffle résonnait comme un tambour contre leur indifférence, je voulais qu'ils voient, qu'ils comprennent que le monde pour lequel nous nous battions exige plus que leurs idées usées, étriquées. Mais ils restaient figés, simples statues d'une ville en ruines, jusqu'à ce que l'un d'eux finisse par dire : « Les femmes devraient rester chez elles. S'occuper de leurs enfants, aider leurs parents. Notre pays a assez de pertes. Vous n'avez pas besoin de mourir sur le front. » Il semblait se satisfaire de son jugement, prononçant ma condamnation avec une conviction inflexible.

Je suis sortie, brûlante de l'intérieur. Avant de franchir cette porte, le pire sentiment que j'avais éprouvé était celui d'être inutile – un vide corrosif qui me rongeait. Mais cela, c'était pire. Être disqualifiée, non pour ce qui me manquait, mais pour ce que j'étais. Ils ne rejetaient pas mon absence de formation. Ils me rejetaient, moi. La femme qui se tenait prête à se battre, prête à saigner – et c'était ça le problème.

Même à ce moment, même dans cet endroit, au cours d'une guerre qui se moque que vous soyez homme ou femme, ils osaient me dire que je n'étais pas suffisante. Pourtant dehors, les balles ne font pas de discrimination. Les éclats d'obus ne s'arrêtent pas pour demander qui vous êtes avant de déchirer votre chair. Mais derrière ces murs, c'est différent. Ici, on vous jauge, on vous évalue, on vous rejette pour des raisons qui vous collent à la peau. Même en temps de guerre, les femmes livrent des batailles invisibles aux hommes – des batailles pour prouver qu'elles ont leur place. J'ai dû revenir dans ce bureau encore et encore. Trois fois. Quatre. J'ai perdu le compte. À chaque tentative je faisais face aux mêmes visages figés, aux mêmes mots vides de sens.

La deuxième fois, ils ont pris le temps de rire. « Une femme qui se porte volontaire ? Alors que certains hommes se cachent et cherchent la sécurité ? » Ils méprisaient ces hommes mais cela ne les empêchait pas de faire de moi l'objet de leur plaisanterie. L'ironie d'un courage loué puis finalement rejeté. « Nous ne pouvons pas vous mobiliser », ont-ils dit. « Nous n'avons pas besoin de vous. » Des mots déchargés comme des douilles usées, éparpillées sur le sol froid.

Trois visites ont été nécessaires avant qu'ils ne m'offrent quoi que ce soit. « Un travail administratif », ont-ils dit. « Asseyez-vous dans un bureau, gérez la paperasse. Il faut bien que quelqu'un s'en occupe. » Mon estomac s'est tordu. Je n'ai pas renoncé à ma vie quotidienne, je n'ai pas quitté ma fille, pour être enfermée derrière un bureau. Je suis venue combattre ceux qui m'ont poussée à cette trahison. Je suis venue pour me battre pour l'avenir des enfants.

J'ai refusé. « Je veux me battre », leur ai-je dit. « Je veux être dans l'infanterie. » Cela semble presque naïf aujourd'hui, n'est-ce pas ? À l'époque, je ne savais rien de l'infanterie. Je savais seulement que ce n'était pas un bureau, pas un endroit où la vraie guerre ne pourrait pas m'atteindre. Mais ils ont ri, secoué la tête, comme si j'étais une enfant voulant jouer à un jeu d'adultes. « Vous n'appartenez pas à la guerre », ont-ils dit. Appartenir. Ce mot s'est logé en moi, comme un éclat sous la peau, rongeant, s'infectant. Ce n'était pas seulement un refus ; c'était un effacement, et je le sentais me dévorer tout entière. C'est là que j'ai craqué, le contrôle que j'avais lutté pour maintenir m'échappait – cette chose même que je redoutais de trahir dans l'armée : mes émotions.

« Les Russes sont venus chez moi et m'ont dit que je n'appartenais pas à ce lieu. Je vous dis que je veux les combattre, et vous me répondez que je n'ai pas ma place dans ce combat ? », ai-je dit, peut-être crié. Je ne me souviens plus. Je me souviens juste de ma voix, brute, déchirante, contre leur froide indifférence. « Alors, à quel endroit est-ce que j'appartiens ? »

Un homme s'est levé, un commandant de bataillon. « Suivez-moi », a-t-il dit. « Je vais vous faire une lettre de recommandation. » Comme s'il percevait le feu de rage dans mes yeux, ce feu qui avait déjà réduit ma vie en cendres, et qu'il savait, d'une manière ou d'une autre, que personne ne pourrait l'éteindre.

J'ai trouvé un commandant qui m'a acceptée – quelqu'un qui comprenait ma douleur, et peut-être aussi l'humiliation d'être une femme confrontée à ce fichu bureau de recrutement. Mais même là, rien n'était acquis. La paperasse s'est révélée interminable, les monticules d'obstacles écrasants. Ils refusaient de me délivrer une carte militaire. Même après avoir signé un contrat et trouvé une unité. « Les femmes n'ont pas besoin de dossiers personnels », disaient-ils, leurs voix tant masculines que féminines, empreintes d'une brutalité sourde. « Les femmes n'ont pas de carte militaire. » Ils le répétaient presque en criant, dans chaque bureau où je mettais les pieds, comme s'il suffisait de le marteler pour en faire une vérité. Chaque porte fermée, chaque document refusé était un autre rappel de ma place dans leur monde, ou plutôt de l'absence de place pour moi dans le monde où l'on se bat.

Sans cette carte militaire, j'étais invisible. Un fantôme sans nom, sans grade, sans droit d'exister, tout comme les ennemis l'avaient prévu pour nous tous. J'ai dû argumenter, insister, encore et encore, pour prouver mon existence. Je devais mendier le droit d'être comptée parmi les vivants, d'avoir ma place aux côtés des hommes, de pouvoir mourir avec eux. Je devais prouver que ma décision comptait – que moi, je comptais.

Vous voulez savoir ce que cela signifie d'être une femme dans cette guerre ? Cela signifie mener deux combats – un pour votre pays, et un autre pour le droit même de le défendre. Cela signifie avancer dans le feu, pour se faire dire que les flammes ne vous sont pas destinées. Regarder des armes être distribuées à des garçons qui peuvent à peine les tenir, à des hommes qui les détestent, alors que vous, debout, prête, brûlante, les poings serrés, on vous dit encore : « Pas toi. »

Cela signifie porter deux guerres – celle qui dévaste les villes, et celle qui efface votre être. Combattre à chaque pas, non seulement contre une armée envahissante, mais contre les barrières qui vous bloquent le passage. Être déclarée trop fragile, même lorsque vos mains sont écorchées à force de soulever les mêmes fardeaux. Se battre pour le droit de tenir un fusil, de porter l'uniforme, de ramper dans la boue et le sang en disant, j'appartiens à cette terre. Prouver, encore et encore, que votre rage est une force, que vos larmes alimentent le feu qui vous maintient debout quand tout le reste s'effondre. Ici, la douleur ou même la simple agonie des menstruations doivent devenir une souffrance mineure, une épreuve d'endurance. S'assurer d'avoir toujours tout le nécessaire pour empêcher que votre biologie ne suggère aux autres que vous ne pouvez pas faire le travail. Vous abandonnez tout luxe, toute excuse. Il n'y a pas de place pour les plaintes. Être une femme dans cette guerre signifie affronter les doutes silencieux, inavoués, de ceux qui ne voient peut-être pas encore quelle peut être votre place. Chaque « non » entaille plus profondément, chaque refus est une lame, chaque rejet est une coupure. Et pourtant, vous continuez. Quand ils vous disent de rentrer chez vous, vous vous redressez. Quand ils vous disent que vous n'êtes pas à la maison ici, vous plantez vos pieds plus fermement, car si vous bougez maintenant, si vous cédez d'un pouce, vous n'arrêterez jamais de reculer.

Vous ne vous battez pas seulement pour la liberté, mais pour le droit de la brandir, de la tenir comme une arme, et de l'utiliser. En défiant des règles qui n'ont jamais été faites pour vous mais plutôt conçues pour vous faire taire. En considérant tout ce qu'on a dit que vous étiez incapables de faire, et en le faisant malgré tout, jusqu'à ce que votre existence même devienne un acte de défi. La guerre des hommes.

Si une femme venait à moi maintenant, désireuse de se joindre à nous, je lui dirais ce que personne ne m'a dit. Non pas pour la dissuader, mais pour lui donner la vérité – sans filtre.

« Ne viens pas ici », je lui dirais. « Pas à moins d'être prête à être vue d'abord comme une femme, ensuite comme une soldate. Tu mèneras deux batailles : l'une sur la ligne de front, l'autre dans l'ombre, contre des regards qui évaluent. Tu feras face à nos frères aussi – parfois avec des mots, parfois avec des coups. »

Je lui dirais comment ils testent, comment ils observent, guettant une faille. « Tu n'es rien tant que tu n'as pas gagné ta place, tant que tu n'as pas saigné à leurs côtés. Même alors, la première humiliation persiste, comme une cicatrice qui ne guérit jamais. Peux-tu supporter cela ? Tiendras-tu debout quand ils essaieront de te rendre petite ? »

Et la vérité la plus dure : « Es-tu prête à mourir ? Prête pour que tes parents t'enterrent ? Pour que tes enfants grandissent avec une photo, se demandant pourquoi tu as choisi la guerre plutôt qu'eux ? Parce que c'est ça, la question. Elle attend chacun d'entre nous, et peu importe à quel point tu te bats bien, c'est la guerre qui décide. »

Je la regarderais dans les yeux. « Viens si tu le dois, mais ne viens pas pour gagner quelque chose. Viens parce que tu as perdu quelque chose, et que tu es prête à tout risquer pour protéger ce qui reste. Mais sache ceci : quand le froid mord, quand la nuit tombe, la guerre se moque de qui tu es. Elle ne demande qu'une chose : peux-tu endurer ? » Pourtant, ces vérités, aussi brutales soient-elles, n'expliquent pas tout. Parce que même quand la guerre te réduit à rien, il reste toujours quelque chose – un instinct, une urgence.

Urgence

Dans la boue, entre des murs de terre et des obus qui tranchaient le ciel à la place des oiseaux, nous étions tous égaux. Ici, je ne pouvais pas me permettre de faire des histoires pour un traitement injuste – parce que la seule qui traite mal les autres au front, c'est la guerre elle-même, et nous sommes tous ses cibles. Au front, personne ne m'a demandé si j'étais prête. J'ai vite compris que personne n'était prêt pour ce que cette guerre est vraiment. Chacun faisait ce pour quoi il n'était pas préparé. C'est ainsi que je suis devenue médecin de première ligne. Pas par choix, pas en montrant mes compétences à l'entraînement, mais parce que quelqu'un devait découper la chair vivante quand notre conducteur, Oleh, a été touché, après qu'un drone a frappé notre voiture alors que nous livrions des provisions.

Je n'étais pas médecin. J'étais seulement une infirmière pédiatrique. Je n'ai pas passé des années à étudier la médecine, ni pratiqué avec un scalpel dans une salle aseptisée. Tout ce que je savais faire, en réalité, c'était désinfecter des plaies et injecter des vaccins aux petits. La guerre est le meilleur professeur. Là, à l'arrière de cette voiture cahotante, mes mains – craquelées, calleuses d'avoir creusé des tranchées – sont devenues des instruments de vie et de mort. Il n'y avait pas de temps pour la peur ; Oleh perdait son sang, et j'étais la seule à pouvoir l'empêcher de partir. J'ai saisi les ciseaux les mains tremblantes, et j'ai commencé à couper, les lames mordant dans la chair. Le sang n'attendait pas. Il hurlait, un cri brut, animal, tandis que je coupais – parce que c'est exactement ce que je faisais, je taillais dans son corps, franchissant une ligne que je n'aurais jamais pensé devoir franchir.

Je le sauvais en même temps que je le détruisais. J'ai crié aussi, ma voix se brisant, puis j'ai murmuré, calme, « Ça va aller. » Après lui avoir sectionné la main et refermé la plaie, j'ai pris le volant pour nous ramener au bataillon, la troisième fois seulement de ma vie que je conduisais une voiture. Je n'aurais pas réussi sans les instructions d'Oleh, lancées dans des rugissements presque inhumains. Mes doigts, gluants de sang, serraient le volant comme s'il était la seule chose solide dans un monde qui se dissolvait en fumée et en cris. C'est comme ça que je suis devenue médecin de combat.

Un an plus tard, après sa rééducation, Oleh est revenu au bataillon. Il m'a souvent servi ce même café instantané immonde – pourquoi mettent-ils autant de sucre dedans ? –, me tendant la tasse avec sa main en titane. Le métal lisse et brillant de mon chauffeur, transformé en superhumain, captait la lumière et scintillait d'une manière presque moqueuse, un rappel cruel de tout ce que la guerre sculpte et déforme.

Comme médecin de première ligne, j'ai tout fait. Creusé des tranchées jusqu'à en avoir les mains en sang, mis en place des points de tri pour les blessés, bandé, appliqué des tampons pour arrêter les saignements, examiné des blessures, coupé de la chair vivante, tenu éveillé un soldat avec une blessure à la tête pendant des heures. J'ai donné des instructions, calmé des compagnons, caché des gens lors de bombardements, apporté des soins sous le feu. On me félicitait même à l'occasion de la Journée des médecins. Mais je n'étais pas médecin ; je voulais juste ne pas être inutile. J'ai appris à soigner des corps brisés, mais je n'ai jamais appris comment tenir des mains et murmurer des mots d'espoir dans des oreilles qui n'y croient plus, comment dire « ça va aller » quand je savais que c'était un mensonge, quand je savais que c'était leur dernier moment. Je me reprochais d'être la dernière personne qu'ils voyaient. Quelle malédiction de devenir le dernier visage auquel leurs yeux s'accrochaient avant de s'éteindre. Ils méritaient mieux.

Une des choses que je détestais le plus dans ce travail était l'image de leurs montres. J'ai découvert que la plupart des montres meurent avec leurs propriétaires. À chaque fois qu'un soldat blessé m'était amené, la première chose que je faisais était d'observer son poignet. Je regardais sa montre comme une prophétie. Il est rare qu'une montre d'un soldat légèrement blessé cesse de fonctionner. Mais quand le soldat est mort, la montre est presque toujours arrêtée. N'est-ce pas étrange ? Comme si le temps mourait avec eux. Le temps mourait vraiment ici.

Et quand le chaos finissait par se calmer, quand les cas critiques ou ceux dans des sacs noirs étaient emportés, il n'y avait aucun soulagement. Je n'avais pas le droit de respirer. À la place, je ramassais des sacs à dos déchirés, des chiffons tachés de sang, des lambeaux de tissu – comme des morceaux de soldats, des fragments de vies que je ne pouvais pas recoller. J'effaçais le sang, je désinfectais tout. Je m'asseyais, le corps lourd, mon esprit loin d'ici, fixant un point, tentant de retenir les larmes coincées dans ma gorge. Chaque fois, je m'étouffais. Ici, j'étais utile mais il n'y avait aucun réconfort dans cela. Je ne me suis jamais sentie aussi nécessaire que dans ces minutes après que les blessés m'ont été amenés, avant qu'ils ne soient emportés vers les hôpitaux, loin du front. Et pourtant, plus je devenais utile, moins je me sentais moi-même.

Ma génération gît dans les champs ukrainiens, enfermée dans des sacs noirs. Je rassemblais ce qui restait de nous – des corps, des fragments, des morceaux épars de vies à peine commencées. De la chair, des os, des éclats d'histoires brisées – j'essayais, à bout de souffle, de les ranimer, d'y insuffler une once de vie. Je versais du sang dans leurs veines, alors que le leur s'était déjà infiltré dans le chernozem, se mêlant à la poussière de notre terre, aux éclats d'un pick-up disloqué, à l'ombre tremblante de mes propres mains.

Ma génération, c'est celle du 300, du 200[28], et des disparus. Nous disparaissons, un par un, emportant avec nous des fragments de vie, d'espoir et de mémoire. Et ce ne sont pas seulement nos corps qui s'effacent. La génération plus âgée, celle de nos parents, dépérit à nos côtés, trop lasse pour lutter, trop marquée pour rêver encore. Les plus jeunes – des enfants qui ne devraient jamais connaître le poids d'un fusil – tombent avant d'avoir pu se tenir debout. Ici, la vie se consume, méthodiquement, au rythme des détonations et des silences. Et tout ce temps, le monde nous regarde. Immobile. Fasciné. Peut-être même soulagé.

Ils se bercent d'un mensonge : que nous sommes infinis, que nous continuerons à mourir pour eux, à absorber la violence et la peur comme une barrière invisible, les protégeant d'un combat qu'ils n'ont pas le courage d'affronter. Ils se disent que tant que nous nous enfonçons dans cette terre noire, eux resteront debout. Que tant que nos corps nourrissent le chernozem, leur monde restera intact, à l'abri des ombres.

MAIS ILS SE TROMPENT. NOUS NE SOMMES PAS INFINIS. MA GÉNÉRATION DISPARAÎT, ABSORBÉE PAR CETTE TERRE QUI NOUS A VUS NAÎTRE ET QUI, AUJOURD'HUI, DÉVORE NOS NOMS. ET LORSQUE TOUT SERA FINI, IL NE RESTERA NI REMPART, NI SACRIFICE À CONTEMPLER. SEULEMENT UN VIDE. UN SILENCE. ET CE SILENCE, UN JOUR, FINIRA PAR LES ATTEINDRE. MAIS ALORS, IL

[28] Dans la terminologie militaire, « 300 » désigne les soldats blessés, tandis que « 200 » désigne ceux qui sont tués au combat. Ces codes sont largement utilisés dans les contextes militaires ukrainien et russe.

SERA TROP TARD. NOUS AURONS DISPARU, ET AVEC NOUS, LE TÉMOIGNAGE DE CE QUE NOUS ÉTIONS. CE QUI RESTERA D'EUX, C'EST UNE PENSÉE OBSÉDANTE : ILS ONT REGARDÉ. ILS ONT ATTENDU. ET PENDANT CE TEMPS, NOUS AVONS ÉTÉ EFFACÉS.

Erreur

Nous ne sommes pas infinis, et nous ne sommes pas des saints. Nous ne sommes pas tous des héros ici. Nous échouons beaucoup. J'ai fait une erreur. Je me suis permis une amie en temps de guerre. Je suis devenue égoïste et j'ai pensé que je pouvais m'en sortir comme ça. Quelle imprudence c'était.

Avec Kateryna, nous chantions au rythme des obus, nos voix s'élevant à chaque explosion, comme si nous défiions le ciel. Il n'y a rien, rien au monde qui puisse résonner plus fort que cela – le son de notre joie, plus fort que la guerre. Nos voix montaient plus haut à chaque détonation, riant parce que, pour un instant, nous pouvions noyer la guerre sous notre propre éclat.

Kateryna était cette lumière rare, improbable dans l'obscurité, le genre de personne qui vous fait croire, même pour une seconde, qu'il reste encore quelque chose de doux, quelque chose de tendre dans ce monde. Elle était différente de moi ; elle ne s'est pas perdue malgré la guerre comme je l'ai fait. Son rire perçait le bruit, elle fredonnait quand elle pensait que personne ne l'écoutait, une mélodie douce, basse, comme une promesse faite à elle-même. Elle avait cette habitude d'enrouler une mèche de cheveux autour de ses doigts après avoir enlevé son casque. Était-ce à cause du stress ou ce geste représentait-il plutôt de la tendresse pour elle-même ? Je ne sais toujours pas. Nous ne nous posions pas de questions. Nous nous sommes rencontrées par hasard, jetées ensemble dans la folie. Dans un endroit où tout semblait temporaire, éphémère, elle était solide, je pouvais m'y accrocher.

Allez-vous-en, sombres pensées, nuages d'automne !
Voici le printemps doré !
Est-ce dans les pleurs et le deuil
Que mes jeunes années passeront en un clin d'œil ?

Non, à travers mes larmes, rire je veux pouvoir,
Dans le chagrin, gaiement je chanterai,
J'espérerai dans le désespoir,
Je veux vivre ! Partez, tristes pensées !

Sur ce sol misérable et désolé,
Je sèmerai des fleurs colorées,
Je sèmerai dans le froid de l'hiver,
Je les arroserai de mes larmes amères[29].

Геть, думи, ви хмари осінні!
То ж тепер весна золота!
Чи то так у жалю, в голосінні
Проминуть молодії літа?

Ні, я хочу крізь сльози сміятись,
Серед лиха співати пісні,
Без надії таки сподіватись,
Жити хочу! Геть, думи сумні!

Я на вбогім сумнім перелозі
Буду сіять барвисті квітки,
Буду сіять квітки на морозі,
Буду лить на них сльози гіркі.

[29] *Contra spem spero* (« Je crois contre toute espérance ») est un poème de la poétesse Lesia Ukrainka, écrit en 1890. Ce texte incarne sa résilience face à la souffrance et à l'oppression, devenant un symbole de la ténacité ukrainienne.

Ce poème résonnait en elle, comme un écho de sa force silencieuse. Kateryna incarnait cette détermination féroce, cette promesse de printemps même dans le froid le plus implacable. C'est ce qu'elle m'a offert sans un mot, dans chaque rire, chaque geste. Nous chantions ces mots encore et encore, entourées de la mort, et nous nous sentions invincibles, éternelles, comme si nos voix pouvaient repousser les ténèbres. Nous riions, la tête renversée, les poumons emplis de défi, tandis que le monde se brisait autour de nous. Puis, un jour, le chant s'est arrêté. Elle était là, et puis elle n'était plus. Juste comme ça. Et tout ce qu'il restait, c'était le son froid et métallique d'une fermeture Éclair qui se refermait et la scellait dans un sac noir sous le bruit des obus. Mon amitié avec Kateryna fut ma plus grande erreur. Parce que quand elle est partie, quand le chant s'est arrêté, c'est un peu moi qui suis partie aussi. Je suis devenue une coquille vide, creusée, échouant dans tout ce que j'essayais de faire. Je ne pouvais plus sauver des vies. Je n'en avais plus envie. Je voulais les prendre, pour elle, pour moi, pour tout ce qui était à nous et qui n'est plus.

Ne t'attache jamais à quelqu'un dans la guerre. C'est la règle, et je l'ai brisée. Tu souffriras. Tu le perdras, et ensuite tu te perdras toi-même. Mes camarades, mon commandant – ils ont compris avant moi que je glissais. Ils savaient que j'étais devenue inutile, parce que je ne croyais plus dans le fait de sauver des vies. Comment aurais-je pu, quand celle qui chantait plus fort que la guerre n'a pas été sauvée ? Ils m'ont offert des pauses, m'ont dit de prendre du temps, de guérir. J'ai refusé. Quelle plaisanterie, « des vacances de guerre », « une pause dans la mort ». J'ai continué, comme un automate, hantée par son absence et la vacuité qui me rongeait.

Je me suis éloignée du front afin de retrouver mon enfant et de chanter avec elle. Je voulais lui rappeler que j'étais toujours là, que j'étais toujours sienne, c'était la seule chose utile qui restait dans la vie civile. Je chantais par-dessus le hurlement des sirènes d'alerte, pour la faire rire en étant plus forte que le son de la guerre. Et elle riait, parce que pour elle, j'étais la mère qui n'était pas là mais qui était plus bruyante que les bombes. Elle pensait encore que j'étais

« cool ». Je m'en allais pour son rire. Je quittais le front pour l'entendre, pour m'y accrocher. Et pour les funérailles de mes camarades. Je n'appartenais plus à nulle part ailleurs dans la vie civile, plus maintenant. La guerre me suivait, s'accrochait à ma peau, peu importe à quelle distance je fuyais. C'est comme une ombre, sombre et froide, qui s'enroulait autour de mes os.

Quand je revenais à cet endroit où tout se décidait – car je revenais toujours – je me retrouvais à me tenir au-dessus d'un autre corps, à regarder la terre engloutir un autre camarade. Il y avait une douleur en moi, une souffrance sourde, familière, comme une vieille blessure qui ne guérit jamais. Mais je souriais à ceux qui ramenaient les corps, parce qu'ils étaient en vie. Parfois, on plaisantait même en disant qu'on ne pouvait pas mourir car il n'y avait plus assez de sacs noirs. « Ne vous inquiétez pas, les gars, l'aide humanitaire internationale ne nous laisserait jamais en manquer », disions-nous, et nous riions, parce qu'autrement, que pouvions nous faire ? L'humour noir est le seul qui nous reste.

La guerre ne s'arrêtait pas. Pas pour le deuil, pas pour nous. La mort ne nous choquait plus. C'était la routine, juste un autre quart, juste une autre nuit. Et je me demandais, comprennent-ils cela, en dehors du front ? Savent-ils ce que c'est, ou se contentent-ils de regarder, en sécurité derrière leurs écrans, en attendant la fin comme si c'était une histoire avec une conclusion nette ? Ils changeaient de chaîne, et nous disparaissions. Ils lisaient les gros titres, secouaient la tête, puis passaient à leur café du matin. Le monde continuait de tourner, tandis que nous étions coincés ici, pris dans ce cycle sans fin de sang et d'attente.

Ils parlaient de nous comme si nous étions les personnages d'une histoire qu'ils suivaient de loin, quelque chose dont ils pouvaient s'éloigner quand cela devenait trop réel, quand les nouvelles devenaient trop lourdes. Ils attendaient la fin, attendaient que la guerre s'efface dans l'histoire et qu'ils puissent oublier. Nous disparaîtrions avec elle, engloutis tout entiers, comme ces sacs noirs avalaient ceux qui se battaient, un par un. Nous nous effacerions, et ils oublieraient, parce que c'est ce que fait le monde. Il oublie.

Mais moi, j'étais là. Je suis là. J'entendais encore la voix de Kateryna résonner à travers les explosions, chanter contre le bruit de la guerre.

Au sommet de la montagne escarpée,
Je roulerai mon lourd rocher,
Malgré ce fardeau douloureux,
Je pousserai mon chant joyeux.

Я на гору круту крем'яную
Буду камінь важкий підіймать
І, несучи вагу ту страшную,
Буду пісню веселу співать.

Elle fermait les yeux quand elle chantait, comme si elle tirait les notes d'un endroit profond en elle, un lieu intact malgré le chaos qui nous entourait. Et c'est pour cela que je reviendrai toujours. Parce que tant que je suis là, tant que je continue de chanter, même si ce n'est que dans ma tête, elle est toujours là elle aussi, et elle ne s'effacera pas. J'aimerais que chaque combattant ait quelqu'un pour ne pas le laisser s'effacer.

Sacrifice

Je ne m'attendais pas à ce que la guerre me dépouille, jusqu'à l'os. Elle ne se contente pas de prendre tes vêtements, ton confort, ton sommeil – elle prend tout, te dénudant jusqu'à ce qu'il ne reste que la vérité, nue et tremblante. Chaque masque que nous portons, chaque rôle que nous jouons, tout cela se dissout ici. La guerre n'a que faire de tes prétentions. Elle exige la vérité, et tu te tiens là, nu, sans nulle part où te cacher.

Ce n'est pas seulement ce qu'elle te prend des mains – c'est ce qu'elle prend de ton âme. Tu commences à te voir et à voir les autres tels qu'ils sont vraiment – guerriers, lâches, patriotes, traîtres. La guerre fait fondre ce vernis civilisé que nous avons passé nos vies à peaufiner. Soudain, nous sommes exposés : juste de la chair et des nerfs, un amas de peur et de fureur. Nous sommes forcés d'affronter nos parts les plus laides, nos vulnérabilités les plus brutales.

Ici, soit tu cours vers le danger, risquant tout pour sauver, soit tu fuis, enjambant les corps de tes camarades. J'ai vu les deux. Certains s'accrochent à leur dernier morceau de pain comme à une bouée de sauvetage, tandis que d'autres partagent leur dernière bouchée sans un mot. C'est un champ de bataille de caractères autant que de corps. Il n'y a pas de performance ici. Qui tu es dans ce moment, c'est qui tu es, point final.

Nous tombons, un par un, à travers les strates de la pyramide de Maslow, comme des pierres lâchées d'une grande hauteur. Certains s'écrasent au bas, ne cherchant qu'à manger, dormir, respirer. D'autres se battent encore pour quelque chose de plus grand, prêts à mourir pour des valeurs, pour un futur qu'ils ne verront peut-être jamais. Il y a ceux qui portent leur équipement comme un costume, une armure d'illusions, et ceux pour qui c'est une seconde peau, glissant dans l'obscurité pour faire ce qui doit être fait, sans être vus, sans être célébrés.

À la guerre, au front et au-delà, il y a ceux qui donnent tout – leur temps, leur force, leur santé – pour la victoire. Ils servent, se portent volontaires, rassemblent ce qui leur reste pour maintenir les autres en vie. Et puis, il y a les spectateurs, les observateurs, les analystes, ceux qui attendent. Ils regardent, évaluent, jugent, mais leur monde reste intact.

Je me suis assise dans la tranchée, mon corps raidi par la terre et l'épuisement. Les balles sifflaient au-dessus de moi, une berceuse cruelle de métal et d'air. Mon esprit s'échappait vers ces quelques heures de permission à venir. Bientôt, je serais là-bas, dans une chambre d'hôtel ou sur une terrasse, sirotant quelque chose de fort, tentant d'étirer ma silhouette dans un monde qui ne m'appartient plus. Pour un instant, je ferais semblant d'y appartenir. Mais je savais que la guerre me rongeait déjà les talons.

Même là-bas, entourée du bruit de la vie – les voitures, les rires, le tintement des verres sur les terrasses –, je ne pouvais pas échapper à un autre son. Celui qui ne me quittait jamais : le grésillement du poste radio. Ce maudit poste radio, avec ses voix hachées et ses silences interrompus par des explosions, par les cris des blessés et les ordres brefs qui suivaient. Chaque mot, chaque bruit d'obus résonnait dans ma tête, couvrant la musique, noyant les conversations autour de moi. C'était un son que je haïssais autant qu'il m'ancrait dans la réalité de ce que je quittais – une réalité à laquelle je savais devoir revenir.

Au début, je pensais que c'était juste. Que les gens devaient vivre, que la vie devait continuer malgré la guerre. Je croyais que cela donnait un sens à notre lutte. Mais bientôt, je ne pouvais plus le supporter. Il y avait un fossé entre ceux qui combattaient et ceux qui attendaient, et ce fossé s'élargissait. Je le sentais grandir chaque jour, menaçant d'engloutir ce qui nous liait encore.

Dans une pharmacie, une femme m'a remerciée. « Je dors mieux grâce à des gens comme vous », a-t-elle dit. Je lui ai souri, mais ses mots sont restés coincés dans ma gorge, lourds comme du plomb. Elle dormait. Moi, je comptais les heures, les morts, les corps. Elle ne comprenait pas, et je ne pouvais pas lui faire comprendre.

La vérité, c'est que je ne suis pas ici pour mourir pour mon pays, et surtout pas pour votre sommeil. Je suis ici pour tuer ceux qui l'ont envahi, ceux qui m'ont volé ma maternité, l'enfance de ma fille, notre maison, nos vies, mon sommeil. Cette guerre m'a mise à nu. Elle m'a montré ce dont je dois avoir honte, mais elle n'a pas brisé ma volonté. Je ne suis pas une martyre, ni une héroïne – juste une femme qui refuse d'être effacée. Chaque jour, je me lève et je peux dire : « Je suis encore là. Je me bats. J'existe. »

Intuition

Je ne voulais plus me rapprocher de quiconque sur le front. Je n'avais plus besoin de sauver qui que ce soit. Il n'y avait plus que moi et mes petits amis volants. Ma réalité se parait des habits de la fiction lorsque j'enfilais ces lunettes, et le monde se dissolvait en un paysage en noir et blanc, peuplé d'ombres et de pixels. J'ai pris le coup très vite pendant l'entraînement. Contrôler les drones, voir à travers leurs yeux, mes mains sûres sur les commandes, ma respiration lente. J'effaçais nos ennemis sans me salir, sans sentir leur sang sur ma peau.

C'est une autre forme d'intimité – le drone et moi, une connexion silencieuse. Je glissais le casque sur mes yeux, et c'était comme entrer dans un rêve. Le bourdonnement emplissait mes oreilles, un ronronnement bas, mécanique, puis le paysage en dessous s'étendait, minuscule et fragile, déployé comme une carte. Des champs criblés de cratères, des routes qui serpentaient comme des veines à travers la terre morte, les ruines de maisons, tout vu du ciel. Le drone planait, patient, attendant mon ordre. Un mouvement de doigt, et il avançait, fendant l'air, silencieux comme un fantôme.

Je le guidais, mes doigts dansaient sur les commandes, délicats et précis. Il restait presque immobile, avant de plonger, inclinant la tête tel un oiseau de proie. Je voyais tout – leurs camps, leurs véhicules, leurs mouvements. Ils ressemblaient à des fourmis qui s'agitent, inconscientes d'être observées. Je n'étais pas là, mais j'y étais. À des centaines de mètres au-dessus d'eux, et pourtant assez près pour voir le blanc de leurs yeux, assez près pour appuyer sur un bouton et décider. J'étais contente d'avoir appris à faire cela. J'étais trop douée.

Au front, on m'appellait la *Konotopska Vidma*[30]. Ce surnom, ils me l'ont donné après cette nuit où j'ai senti le danger avant même

[30] La *Konotopska Vidma* ou « Sorcière de Konotop » est une figure du folklore ukrainien symbolisant les pouvoirs mystiques et l'intuition. Ce terme est utilisé ici comme métaphore pour désigner une intuition exacerbée dans le contexte de la guerre.

qu'il ne se manifeste. Nous étions en mission, nos drones volaient au-dessus de l'ennemi, les moniteurs renvoyaient leurs mouvements, mais une étrange sensation me serrait le cœur. Comme si quelque chose dans l'air m'avertissait.

En tant que commandante, j'ai ordonné à mes camarades de déplacer notre position, de continuer à piloter les drones tout en bougeant. Ils ont d'abord hésité, mais finalement, ils m'ont suivie. Quelques minutes après notre départ, un obus a frappé l'endroit exact où nous nous trouvions, réduisant en cendres notre ancien point d'observation.

Ce jour-là, mon intuition nous a sauvés. Les ennemis avaient repéré la trajectoire de nos drones pour cibler notre position. Depuis ce moment, mes compagnons m'appellaient la *Konotopska Vidma* – en hommage à cette figure du folklore ukrainien, une femme dotée de pouvoirs mystérieux, capable de pressentir l'invisible.

« Ne vous fiez pas aux apparences », dit-elle dans les contes. « Le vent murmure des secrets que seuls les cœurs ouverts entendent. » Ce surnom est devenu un signe de respect, un hommage à cette intuition presque surnaturelle qui, ce soir-là, nous a protégés.

Est-ce que j'avais peur de participer à ce combat ? Nous avions tous peur. La peur reste là, dans nos gorges, épaisse et étouffante, comme une fumée qu'on n'arrive pas à cracher. Elle s'installe en nous, s'infiltre dans les poumons, y fait son nid. Elle s'accroche à nous, comme la sueur sur notre peau, comme la boue sur nos bottes, comme l'odeur du métal et du cordite qui ne disparaît jamais. Mais la peur est différente maintenant. Elle est en sourdine, presque apaisée. Il ne s'agit pas de la peur qui fait fuir mais plutôt de celle qui vous fige, vous fait agripper les commandes un peu plus fermement, vous fait respirer un peu plus lentement.

Au front j'ai découvert une vérité surprenante. L'une des peurs les plus anciennes, la plus animale, enfouie profondément dans notre ADN, est celle de rester seul. D'être rejeté, exclu du groupe. Isolé. Alors, on s'accrochait souvent les uns aux autres. Quand tout devenait terrifiant, on se rapprochait. On voulait sentir la chaleur d'un autre corps, entendre sa respiration, plonger dans son regard, juste pour se rappeler qu'on n'était pas seul dans cet enfer. Ensemble, ça semblait plus sûr. Moins solitaire. Moins mortel. Mais ici, ensemble était un mensonge. Ensemble signifiait la fin pour tout le monde. Ici, rester groupés portait un autre nom : la mort.

Plus de deux personnes se déplaçant ensemble ? Autant dire qu'on avait une cible peinte dans le dos. Pour l'ennemi, nous n'étions qu'un grand et juteux objectif, parfait pour un obus, un largage de drone, une grenade. Peu importe où on se trouvait. Même dans le rare abri des arbres, les drones voient tout. Le mouvement capte leur attention. Un groupe d'entre nous, en mouvement, respirant, espérant – c'était une cible parfaite. Plus on était nombreux, plus la probabilité qu'on finisse tous en morceaux augmentait.

Si on se collait les uns aux autres, il suffisait d'un seul obus pour tous nous emporter. On le ressentait dans nos os, la différence entre la vie et la mort ici. Les soldats marchaient à quinze, vingt mètres les uns des autres le jour, cinq à sept mètres la nuit. Mais si on bougeait en groupe, trois ou quatre personnes à moins de cinq mètres ? Une seule grenade, et c'était terminé. Les éclats de métal déchiraient la chair avant même qu'on touche le sol. Alors qu'en gardant nos distances, peut-être qu'un ou deux d'entre nous seulement seraient touchés. Dans ce cas il y avait une chance, juste une chance, que les autres puissent les traîner hors de là, les soigner, les maintenir en vie.

Je travaillais seule, j'observais tout d'en haut, à travers ces yeux de verre, et il y avait une étrange sécurité là-dedans. Ce n'était pas réel, pas tout à fait. C'était comme un jeu. Est-ce que j'ai choisi d'être opératrice de drone parce que c'est plus sûr ? Peut-être. Parce que je suis devenue plus faible ? Oui. Je savais que perdre un drone ne faisait pas mal, et que je pouvais le remplacer par un autre, identique. On ne peut pas en dire autant des gens, et j'en ai vu bien trop partir. L'écran aplatit tout, rend le monde et la guerre qui s'y joue plus petits, plus simples. Même l'ennemi – juste des formes, bougeant dans l'ombre, comme des figures dans une pièce de théâtre. Je les observais, je guettais leurs mouvements. J'attendais le bon moment. Puis j'appuyais sur le bouton, et l'écran vacillait quand la charge tombait, et je regardais la fumée noire s'élever. Pas de cris, pas de sang, juste le silence et la fumée. J'aimais ces moments de clignement.

La première fois que je l'ai fait, mes mains tremblaient. Mais après, j'étais calme. Froide. J'effaçais nos ennemis, c'était propre, efficace, distant. Les bons jours, un clic, et c'était fini. Sur mon petit écran, ils disparaissent, comme s'ils n'avaient jamais été là. Ironiquement, j'étais plus proche d'eux à ce moment-là – plus proche que je ne l'étais en tant que médecin. Je voyais leur dernier moment avant qu'ils ne meurent, je voyais leur hésitation, la façon dont ils se quittaient des yeux, la façon dont ils levaient la tête, comme s'ils sentaient la fin approcher. C'était comme une bénédiction de savoir que c'était moi, à travers mon drone, qu'ils voyaient en dernier avant de mourir.

Fragments

Il est passé en un éclair. Une seconde, il y avait ce bourdonnement mécanique de drone, juste un léger bourdonnement au-dessus, comme un moustique qu'on ne peut chasser. J'ai fait l'erreur de penser que c'était le nôtre, pas celui de l'ennemi, et je ne me suis pas cachée. L'instant suivant, le ciel a éclaté. Il y a eu une lumière blanche et brûlante, aveuglante, puis tout a volé en éclats. J'ai été projetée au sol, frappée avec brutalité, mon corps secoué par un coup de massue.

Le monde est devenu silencieux dans mes oreilles et invisible à mes yeux. Je ne pouvais ni voir ni entendre, seulement sentir ce poids sourd et écrasant me comprimer. Puis la douleur est arrivée, vive et intense, comme des milliers d'aiguilles s'enfonçant dans ma peau. Elle s'est répandue rapidement, rampant sur mes bras, ma poitrine, mon visage, jusqu'à m'envahir entièrement.

J'ai essayé d'ouvrir les yeux, de comprendre ce qui se passait, mais ils semblaient collés, lourds, mes paupières presque cousues. Mes mains fouillaient la terre, tremblantes, essayant de saisir quelque chose, n'importe quoi, mais tout ce que je trouvais, c'était la chaleur poisseuse de mon propre sang mêlé à la terre de ma patrie. Je le sentais sur tout mon visage, épais et collant, se mêlant à la poussière.

La douleur était étrange, presque trompeuse. Ce n'était pas une douleur sourde et profonde, celle qu'on attend d'une balle ou d'un couteau – elle était vive, rapide, puis elle s'est transformée en un étrange engourdissement, comme si ma peau brûlait et gelait en même temps. Je ne le savais pas encore, mais le drone m'avait aspergée de métal, de minuscules éclats maintenant incrustés dans tout mon corps, comme des sortes de paillettes de shrapnel.

« Je suis 300, je suis 300 », ai-je entendu ma voix crier, espérant qu'on m'entende de l'autre côté de la radio. Finalement, c'était moi qui devais hurler dans cette radio que nous détestions tous. J'étais surprise de ne pas perdre connaissance, bien que je ne voie plus rien et n'entende plus rien. Je me souviens avoir pensé « Est-ce une mort par mille coupures ou suis-je en morceaux ? » Mais je ne mourais pas. Je continuais à hurler « Je suis 300, 300, je ne suis pas 200 », comme pour me forcer à ne pas mourir tout de suite. J'étais surprise de voir combien je tenais à vivre, là, allongée, trouée de partout, saignant dans la terre. Le métal m'avait recouverte, s'infiltrant dans chaque coupure, chaque éraflure, noir et déchiqueté. Je le sentais sous ma peau, de minuscules fragments qui ne partiraient jamais. Mon armure personnelle, mais inutile, uniquement là pour me rappeler à quel point j'avais frôlé l'anéantissement.

Ceux qui m'ont entendue à la radio sont venus, ils m'ont soulevée, des mains rugueuses me saisissant, me tirant, et je pouvais sentir le métal bouger en moi, râpant contre l'os. Quelqu'un a murmuré « Ça va aller » et je ne l'ai pas cru. J'étais maintenant un puzzle mal assemblé. J'ai essayé de rire, mais ce n'était qu'une toux étouffée par mon propre sang. Je devais ressembler à un personnage de film impressionnant – recouverte de sang et de terre, avec des morceaux de métal plantés partout, comme si j'avais été prise dans une tempête de ferraille.

Ils m'ont installée à l'arrière d'une voiture, et le moteur a rugi, les vibrations traversant mes os. Je sentais chaque secousse, chaque soubresaut, comme si on me recousait et me déchirait en même temps. Mes doigts étaient engourdis, et quand j'ai essayé de toucher mon visage, je sentais les petits bords tranchants du métal, j'étais recouverte de paillettes coupantes.

Je ne m'évanouissais toujours pas. J'étais consciente de la douleur, des éclats de métal enfoncés sous ma peau, comme si j'étais moi-même devenue une partie de drone. Une sorte d'ironie cruelle – moi, opératrice de drone, et maintenant, j'en avais des morceaux incrustés en moi. Mi-humaine, mi-drone. J'avais peut-être pris ma mission trop au sérieux.

Mes inquiétudes à propos de mon enfant me harcelaient. J'étais furieuse, essayant de les chasser, de protéger ma fille même dans mon esprit. Elle ne devait pas faire partie de ça. Je ne pouvais pas la laisser voir ça, la sentir, même en imagination. Je me sentais déjà assez coupable. Alors, je me suis forcée à penser à Kateryna à la place. J'ai imposé son image dans mon esprit. J'entendais presque son rire, moqueur, résonnant, « Si tu survis à ça, tu seras faite de chair et de métal – plus difficile à tuer. »

Quand ils m'ont emmenée à l'hôpital, tout était trop lumineux, trop propre. Les lumières étaient dures, et l'odeur de désinfectant me brûlait les narines, perçant la brume. Je me souviens qu'ils ont enlevé mes vêtements, le métal scintillait sous les néons, de minuscules éclats noirs logés dans ma peau. J'étais un carnage – mon corps, une toile de bleus, de sang, et de métal déchiqueté. « Mes yeux, sont-ils encore là ? », ai-je crié à celui ou celle qui nettoyait mon visage de toute cette crasse. « Ils sont là, tout est là », a dit une voix, mais je n'aurais su dire si elle était masculine ou féminine ; mon oreille avait disparu.

« Chanceuse », déclaraient-ils. « Vous avez de la chance que ça ne soit pas pire. Chanceuse que ça n'ait rien touché de vital. » Chanceuse. J'avais probablement gagné la pire des loteries, et mon prix, c'était de vivre avec des morceaux de drone incrustés en moi.

Je ne savais pas si je devais rire ou pleurer, alors je suis restée là, silencieuse, sentant le métal bouger sous ma peau chaque fois que je bougeais.

Quand j'ai ouvert les yeux après l'opération, ma mère était là. Je ne sais pas comment elle a pu savoir, comment elle a fait pour arriver si vite. Elle m'a seulement répondu « Comment aurais-je pu ne pas venir ? » Ma mère et moi n'avons jamais été les plus proches amies. J'ai souvent ressenti une distance silencieuse entre nous – un espace qu'elle partageait plus naturellement avec ma sœur, une complicité qui coulait facilement entre elles. Ce n'était jamais une question de conflit ; nous ne nous disputions pas, ne nous heurtions pas. Elle ne se disputait jamais avec qui que ce soit. Mais d'une certaine manière, nous étions différentes, tissées de fils séparés, et je suppose que c'est cette différence qui a maintenu un fossé entre nous.

Elle tenait ma main brûlée, noircie, enveloppée de bandages, son emprise à la fois délicate et forte. « Je partirai au combat, tout comme toi », a-t-elle dit. « La chose la plus importante, c'est que tu restes en vie. »

À cet instant, des souvenirs ont ressurgi, ceux de tous les moments où j'avais admiré son endurance infinie. Elle supportait les épreuves que son visage livrait sans dissimilation, son visage sans protection. Enfant, je m'émerveillais de la voir traverser les difficultés et les humiliations de la vie sans jamais les laisser l'endurcir. Dans un monde brutal et impitoyable, elle demeurait douce. Ayant plusieurs emplois, maintenant notre foyer et notre famille unis, affrontant la pauvreté et l'insécurité sans plainte – sa force était une force discrète, résiliente, qui ne cherchait jamais de reconnaissance. Ma mère portait le poids de ceux qui l'entouraient, assumant des fardeaux souvent invisibles. Pourtant, elle restait une présence stable, inébranlable, son cœur à découvert, son amour intact, sans amertume. Sa force était celle qui savait plier sans jamais se briser.

Alors qu'elle tenait ma main, j'ai réalisé que c'était elle qui m'avait appris la résilience. Pas avec de grandes déclarations ou des gestes, mais par sa constance tranquille, par des leçons inscrites dans le rythme de ses journées, dans chaque sacrifice passé sous silence. Le monde a toujours cherché à rendre les mères petites, à les réduire à des rôles, des étiquettes, des responsabilités. Mais la vérité de la maternité est infinie. C'est une capacité sans limites à endurer, à réparer, à créer la vie et l'abri, même quand la vie est rude, indifférente, ou cruelle. Il y a une force radicale, presque défiante, dans cette douceur.

Les mères savent ce que c'est que de se tenir à la limite du don et de la retenue, d'être à la fois protectrice et nourricière. Ma mère m'a surtout appris que la vraie force ne rugit pas toujours et que l'amour ne câline pas toujours. Parfois, l'amour maternel ne se trouve pas dans le fait de serrer un enfant contre soi, mais dans le fait de quitter le foyer, de se battre pour l'avenir de cet enfant, même si cela signifie tout risquer.

CHAPITRE III
LETTRES DE LA SACRIFIÉE CONSCIENTE

Mosaïques

Je suis maintenant une femme pleine de petits rappels noirs et tranchants, des marques qui témoignent que j'ai traversé l'enfer et en suis sortie de l'autre côté. Et c'est suffisant. Parce que cela signifie que je vais continuer à avancer, continuer à me battre. J'ai des morceaux de cette guerre sous la peau, et je les emporterai avec moi, à chaque pas, à chaque respiration. Je n'ai pas terminé. Loin de là. Je suis maintenant un patchwork, une mosaïque de cicatrices et de points noirs, avec de minuscules trous partout, comme un projet de broderie inachevé. Et tu sais quoi ? Ça me plaît, en quelque sorte. Je me tiens devant le miroir et je vois quelque chose que je n'avais jamais vu auparavant : un visage qui n'a pas besoin de parler. Pour la première fois, je ne me soucie pas de lisser les choses, de cacher les imperfections, ou de m'inquiéter de mon profil. Je n'ai plus besoin de chercher les bons mots pour parler de ce qui compte. Tout est là, exposé – chaque cicatrice, chaque petit éclat de métal, comme des constellations sur une œuvre d'art moderne étrange et agaçante que personne ne comprend.

En me regardant, je vois que la guerre m'a rendue différente. Personne ne me ressemble. Ma fille l'a dit elle-même, avec un sourire éclatant. Je pouvais encore la surprendre et la faire rire. Quand elle m'a rendu visite, pour la première fois, je n'ai pas culpabilisé ; j'ai pensé qu'elle pourrait même se sentir fière d'avoir une mère comme moi.

Les morceaux métalliques sont des graines qui n'auraient jamais germé. Trop proches de mes veines pour être enlevés, trop profonds pour être oubliés. Mon oreille gauche est désormais muette, emportée par l'explosion ; il ne reste qu'un faible bourdonnement, comme un signal radio lointain et détraqué. Cela permet un jeu amusant avec Solomiya lorsqu'elle vient me rendre visite : je dois deviner ce qu'elle dit dans cette oreille inexistante. Je me trompe toujours. Elle adore gagner.

Il y a un éclat logé derrière mon œil, et parfois, j'ai l'impression qu'il me surveille, me rappelant ce qui est encore là, enfoui juste sous la surface. Mais, d'une certaine manière, cela ne me dérange pas. Je m'y suis habituée. Je me regarde dans le miroir et je pense que je suis devenue une collectionneuse de cicatrices, chacune étant une histoire, une revendication sur un corps qui m'appartient encore. Je suis pleine de trous, et ce moule est brisé, éparpillé quelque part sur le champ de bataille. Cela ressemble à la liberté.

C'est une sorte de blague à l'humour noir, j'imagine – me voilà, me sentant plus à l'aise dans ce corps marqué et troué que je ne l'ai jamais été quand tout était lisse et intact. Et peut-être que c'est la dernière libération. La guerre m'a pris beaucoup, mais elle m'a donné cela.

Captivité

Il y a une femme dans le lit à côté du mien, silencieuse, mis à part le froissement des draps et le bip doux et rythmique de ses moniteurs. Elle tourne la tête, croise mon regard, et sourit. C'est un petit sourire, presque une étincelle, mais je ne peux pas dire si elle me met au défi ou si elle essaie de m'apaiser, un geste de compréhension entre deux inconnues qui partagent la même douleur. Elle n'a pas de cicatrices visibles, mais je sais qu'elle est des nôtres. On ne nous mélange pas avec les civils dans cet hôpital.

Pendant des heures, nous restons là, séparées par le silence et nos propres pensées. Puis, ils la déconnectent des machines, et j'ose enfin demander « Comment vous vous sentez ? » Une question simple, stupide, mais qui semble ouvrir quelque chose en elle. Elle me regarde, et ses yeux sont vides, mais il y a une acuité, une clarté que je ne m'attendais pas à voir. « J'ai été échangée il y a une semaine », dit-elle, et ses mots me frappent comme une gifle glacée.

Je me sens reculer, un frisson réflexe de choc et de confusion. Elle doit la voir dans mon regard, cette lutte pour comprendre, pour assimiler ce qu'elle vient de dire. Elle lâche un rire discret, presque amer. « C'est un drone ? » demande-t-elle, ses yeux se posant sur mes cicatrices. « On dirait un drone », confirme-t-elle. C'est comme si elle essayait de m'aider, d'alléger ce moment pour que je puisse saisir ce que pourrait être son histoire, mais cela ne fait qu'enfoncer le couteau plus profondément.

Je la regarde, toujours en essayant de comprendre, mais elle ne me fait pas attendre longtemps. Sa voix est douce, presque trop douce pour un lieu comme celui-ci, où les murs semblent absorber chaque murmure, chaque cri.

« Mon nom est Maria, j'ai été faite prisonnière le 17 mai 2022 », commence-t-elle, comme si elle récitait un fait qu'elle s'était répété cent fois dans son esprit. « C'était lors du soi-disant retrait organisé d'Azovstal[31]. Mais je ne suis pas une de leurs héroïnes, peu importe combien de fois les médias enrobent cela d'une histoire héroïque et convenable. J'étais une défenseure de Marioupol – mon beau Marioupol ukrainien. » Elle s'arrête, ses yeux cherchant quelque

[31] L'aciérie Azovstal, située à Marioupol, est devenue un symbole international de la résistance ukrainienne lors du siège par les forces russes en 2022. Des militaires et des civils s'y sont réfugiés, résistant dans ses bunkers malgré des attaques intenses avant d'être contraints à la reddition.

chose au plafond, comme si les mots y étaient accrochés. « Azovstal n'était qu'un chapitre brutal. »

« Nous avions battu en retraite de l'usine Illich vers Azovstal », continue-t-elle, sa voix stable pour mener à terme son récit. « Pas parce que nous le voulions, mais parce qu'il n'y avait plus aucun autre endroit où aller dans la ville. Là-bas, nous avons vécu pendant un mois comme des animaux, plus ombres qu'humains. Les horreurs que j'ai vues... et puis l'ordre de se rendre est arrivé. » Elle serre les poings, comme pour s'accrocher à ces derniers moments. « Je suis partie avec ce qui restait de mon bataillon, mais aucun d'entre nous n'était entier. »

Elle me raconte comment ils ont transporté les soldats blessés vers la captivité russe, et je peux presque voir ces hommes, déformés par la douleur, sans membres, leur visage à peine reconnaissable, alors qu'elle et les autres les traînaient, pas à pas, sous la menace des fusils pointés sur eux. Ses yeux s'assombrissent, et je vois les ombres de cette marche s'y refléter. « La route semblait interminable, comme une marche vers l'oubli, encadrée par les tricolores russes, nous rappelant tout ce que nous avions perdu et nous avertissant de tout ce que nous allions devoir endurer. »

Elle s'arrête, ses yeux flottant quelque part, comme si elle voyait encore cette ligne de personnes marchant sans fin. « Leurs regards, ceux des soldats russes... ils nous tranchaient, chaque regard était comme un coup de couteau, nous rappelant que nous n'étions rien. De la saleté. »

Elle décrit les fouilles, la façon dont ils ont déchiré leurs affaires, la façon dont les caméras planaient, comme des vautours, documentant leur humiliation. « Ils voulaient que nous collions à leur histoire », dit-elle, et sa voix vacille pour la première fois. « L'histoire de l'ennemi, l'histoire du "nazi", du "fasciste". Peu importait qui nous étions, ce que nous avions défendu. Nous étions déjà coupables. À leurs yeux, nous étions déjà vaincus. »

Sa voix baisse, devient presque un murmure. « Et puis les bus », dit-elle, comme si même ce mot lui laissait un goût de bile dans la bouche. « Serrés comme du bétail. Silencieux. Têtes baissées. Et c'est là que j'ai vraiment compris – ce n'était que le début. » Elle me regarde, et pendant un instant, je crois qu'elle va pleurer, mais elle ne le fait pas. « Ils ne se sont pas contentés de nous arracher notre dignité, ils nous ont arraché notre identité. »

Il y a un long silence, et je crois qu'elle a terminé. Mais ce n'est pas le cas. Elle rassemble simplement ses souvenirs, tirant chaque fragment de mémoire plus près, essayant de donner un sens à une histoire qui ne peut en avoir. Je reste silencieuse. Je dois l'être.

« Ils nous ont humiliés », dit-elle. « Oui, ils nous ont brisés. Mais la véritable torture, ce n'était pas ce qu'ils ont fait à nos corps. C'était ce qu'ils ont fait à nos esprits, à nos âmes. C'était savoir que le monde oublierait. Que nous souffrions le pire pour que le monde nous néglige. Et ça, c'est la coupure la plus profonde de toutes. »

Elle baisse les yeux, ses doigts frôlant légèrement les draps, comme si ceux-ci portaient la texture de son passé. « Ils nous pendaient la tête en bas, laissaient le sang affluer jusqu'à ce que nous ne puissions plus penser. Puis ils nous frappaient, des matraques s'abattant sur notre corps jusqu'à ce que tout devienne une douleur sourde. Ils nous déshabillaient, leurs mains violant, envahissant chaque parcelle de notre corps, comme s'ils cherchaient le dernier fragment de dignité qu'ils n'avaient pas encore volé. Et les électrochocs… c'était quotidien. La piqûre, la décharge. À un moment, ce n'était plus seulement ton corps qui était électrisé – c'était comme si la peur elle-même coulait dans tes veines. Et les chiens… leur plaisir était de lâcher des chiens sur nous. »

Son regard se plante dans le mien, comme pour me défier de détourner les yeux. « Mais ce n'était pas ça, le pire, ces tortures, l'absence d'eau propre ou les trente secondes pour manger le seul repas de la journée, ce n'était pas le pire. Le pire, c'était d'entendre, jour et nuit. Être assise dans une pièce, impuissante, alors qu'ils torturaient les autres. Entendre les cris – bestiaux, primitifs, chaque son marquant la rupture d'une personne de plus, et comprendre qu'ils pouvaient tous nous briser. » Elle me raconte qu'elle a traversé ces mêmes horreurs dans les prisons de la région occupée du Donetsk et sur le territoire russe, mais qu'il y avait une différence. « En Russie, c'était plus simple, parce que je n'avais qu'à subir la torture, sans entendre les autres Ukrainiens être torturés. »

Elle parle de la manière dont ils décomposaient les gens, morceau par morceau, avec un mélange terrifiant de cruauté et de fausse gentillesse. « Ils nous frappaient, puis nous disaient que nous avions de la chance », dit-elle, un sourire amer se dessinant sur ses lèvres. « Ils voulaient que nous croyions que notre survie était une clémence qu'ils nous accordaient. Et d'une certaine façon, ils ont réussi. Avec le temps, tu commences à te sentir reconnaissante pour les moindres miettes d'humanité qu'ils daignent t'accorder. » Elle fixe le mur blanc de la chambre d'hôpital et reste figée un moment. Je la regarde sans détourner les yeux. « Hier, j'ai composé un poème dans ma tête, il faut que tu écoutes :

Chaque jour, je me souviens de cet enfer,
Quand mon âme a lutté, si farouche, si amère.
La vie semblait alors s'être arrêtée,
Et tout ce que je voulais, c'était rentrer.

Les gémissements, les explosions, les cris résonnaient partout,
Mais nous avons tenu bon, de simples gens debout.
Des gens qui rêvaient encore de lendemains radieux,
Des vies maintenant perdues dans des adieux silencieux.

Jamais plus ils ne franchiront le seuil de leur maison,
Jamais plus ne diront : « Je suis rentré, maman, papa, pardon. »
Tant de vies brisées laissées derrière,
Des parents épuisés, vieillis par la misère.

Des épouses qui pleurent auprès des tombes,
Où leurs aimés reposent dans les ombres.
Des enfants qui, le cœur en peine,
Portent des fleurs à leur père, brisés par la haine.

Combien de héros reposent sous nos terres,
Trouvant enfin la paix après leurs guerres ?
Du haut des cieux, ils nous observent toujours,
Leur force et leur courage inspirent nos jours.

À lutter pour notre pays, ce précieux trésor,
Pour chaque âme que nous tenons encore.
Nous n'oublierons jamais, nous ne pardonnerons pas,
Cette douleur restera tant que nous serons là.

À jamais, elle marquera nos cœurs de profondes cicatrices,
Une blessure qu'aucune force ne lisse[32]...

Щодня згадую те Пекло,
Коли моя душа боролася так запекло.
Життя тоді немов би зупинилося,
Додому...Єдине чого хотілося.

Стогін,вибухи, крики чутно всюди,
А ми трималися,звичайні люди.
Люди, що мали мрії,плани на майбутнє життя,
Життя,які для багатьох відійшли в небуття.

Їм більш ніколи не прийти в Батьківську хату,
Не сказати: – "Я повернувся,мамо й тату."
А скільки залишилося скалічених життів,
Тих змучених й сивих батьків.

Дружин,котрі плачуть біля могили,
Де їх кохані навічно спочили.
Плачуть й маленькі діти,
Несучи на могилу татові квіти.

[32] Le poème est de Ruslana Nutsa, médecin militaire ukrainienne. Ce poème a été écrit pendant sa captivité en Russie.

Скільки полеглих героїв лежить у землі,
Вічний спокій вони там знайшли.
З Небес вони за нами спостерігають,
Їх сила й мужність нас надихають.

Продовжувати боротися за нашу країну,
За кожну дорогу нам людину.
Ніколи не забудемо,
Ніколи не пробачимо.

Навіки ця біль залишиться з нами,
Утворивши в серці глибокі рани…

Je l'applaudis une fois, avant de réaliser l'idiotie de ma réaction. Elle regarde ses mains, les fléchissant comme pour en tester la force. « Je n'ai pas tout de suite appris à jouer leur jeu », dit-elle. « Au début, je me battais. Je me débattais. J'étais fière. Mais ce genre de résistance a un prix. Chaque fois que je parlais, ils trouvaient de nouvelles manières de me briser. Jusqu'à ce que je comprenne que survivre ne signifiait pas garder sa dignité. C'était apprendre à la laisser derrière soi. » Elle me scrutait, comme pour vérifier si je pouvais encaisser la suite. « Nous sommes vraiment différents d'eux. Jamais je n'aurais cru que nous pouvions être à ce point des peuples distincts », dit-elle, manifestement pour m'accorder une pause émotionnelle. « Ils détestent réellement l'Ukraine. Tous, sans exception. Ce mot seul éveille en eux le pire. On ressent combien la propagande est puissante sur eux, mais il n'y a pas d'idéologie ; c'est une haine brute de notre singularité. Même de la jalousie. »

À cet instant, elle semble attendre une réponse, mais je n'arrive pas à m'obliger à dire quoi que ce soit. Elle reprend, comme pour combler le silence : « Et leur compréhension du nationalisme est si pervertie. Ils le définissent comme du nazisme, alors que le mouvement national ukrainien a toujours été anti-impérialiste et centré uniquement sur l'indépendance de l'Ukraine face à la Russie, sur la sauvegarde de notre langue et de notre culture que les Russes tentent de détruire depuis des siècles. Durant l'ère soviétique, quiconque exprimait un soutien pour l'indépendance ukrainienne était qualifié de "nationaliste ukrainien", un terme équivalent à un acte criminel. Des milliers d'Ukrainiens ont été arrêtés, jugés et emprisonnés pour avoir simplement promu notre patrimoine national, notre langue, ou notre identité. Cette criminalisation de l'identité ukrainienne visait à supprimer toute expression de nationalisme, forçant les Ukrainiens à embrasser une identité soviétique tout en stigmatisant ceux qui résistaient comme des subversifs dangereux.

Et ils qualifient notre mouvement national de nazi ? Incroyable que les Russes aient réussi à convaincre tant d'Occidentaux de leur récit. » J'acquiesce, ajoutant quelques mots banals pour exprimer ma déception, mais en réalité, tout ce que je veux, c'est absorber davantage de ses paroles. « Ne voient-ils pas qu'on est massacré simplement pour parler notre langue ou pour dire *Slava Ukraini* ? Dans la dernière prison, à Taganrog, j'ai écrit ce poème que j'ai dissimulé sous le matelas d'une prisonnière russe qui refusait de m'appeler par mon prénom et m'appelait "*hohlushka*[33]" à la place :

Ma terre, c'est l'Ukraine, libre et lumineuse,
Où fleurissent les vergers et chantent les rossignols.
Si belle, si indivisible,
La seule que mon âme considère invincible.

Je n'ai besoin d'aucune autre nation,
Aucune terre étrangère sous mes talons.
Comme une mère aspire à son enfant,
Ainsi je te cherche, Ukraine, constamment.

Je te donnerais ma vie,
Mon âme appartient à Dieu,

[33] Terme péjoratif utilisé par les Russes pour désigner une femme ukrainienne, avec une connotation offensante.

Mais mon honneur reste mien,
Et je retrouverai toujours le chemin.

Les étoiles brillantes guideront mes pas,
Vers les chants d'oiseaux, là-bas.
Vers tes sentiers dorés, ô ma terre,
Où mon âme trouvera enfin son repaire.

Après mille routes, je reviendrai,
Pour prier devant Dieu pour toi, à jamais.
Vis et fleuris, ma chère patrie,
Que ta beauté vive pour l'éternité.

Sans toi, je ne peux pas respirer,
Sans toi, je disparais, comme la rosée[34].

Моя земля-то Україна.
Квітучі сади,солов'їні гаї.
Така прекрасна й єдина,
Одна в душі моїй.

Не треба мені іншої країни,
Чужої землі мені не треба.
Немов матір хоче до дитини,
Так хочу Україно я до тебе.

Життя своє тобі віддам,
Душа моя належить Богу,
Честь моя лишиться мені,
Я завжди знайду до тебе дорогу.

[34] Le poème est de Ruslana Nutsa, médecin militaire ukrainienne. Ce poème a été écrit pendant sa captivité en Russie.

Яскраві зірки мені вкажуть шлях,
Туди,де льється пісня пташина,
Де,на твоїх золотих стежках,
Відпочину я душею,моя Україно.

Після тисячі доріг назад до тебе повернуся,
Перед Богом за тебе помолюся.
Живи й квітни,моя Батьківщино.
Нехай завжди живе твоя краса.

Без тебе мені жити неможливо,
Без тебе згину,як на сонці роса.

Elle s'arrête, et je crois un instant qu'applaudir cette fois-ci serait approprié, mais n'ose pas. Elle sourit, et je pense qu'elle a terminé, mais ce n'est pas le cas. « Un jour, ils m'ont sortie de ma cellule et m'ont dit de changer de vêtements », dit-elle d'une voix qui a changé maintenant, plus froide. « Je ne m'autorisais pas à espérer. J'étais certaine qu'ils me transféraient dans un autre enfer. Mais alors quelque chose s'est produit. Pour la première fois en plusieurs mois de captivité, ils me traitaient comme une femme. »

Je ne pouvais m'empêcher de la fixer. « Ils ont dit : "La femme passe en premier." » Elle éclate de rire, un son dur, presque cassant. « Et je ne savais pas comment réagir. Je pensais que c'était un piège. Mais ça ne l'était pas. Ils nous échangeaient ! Ils nous renvoyaient chez nous. » Sa voix s'adoucit, et je voyais encore l'incrédulité inscrite sur son visage. « J'entendais l'ukrainien – ma langue, mon peuple. C'est là que j'ai enfin osé y croire. Je rentrais à la maison. Comment cela pouvait-il être possible ! »

Elle se tait alors, et je peux voir l'épuisement, le soulagement, le doute persistant. « C'est drôle qu'ils nous aient mises dans la même chambre. On dirait que rien ne m'est arrivé, et toi, avec toutes ces blessures, tu incarnes la guerre. Laquelle de nous deux est censée remonter le moral de l'autre ? » Elle rit. « Le chemin est encore long », dit-elle, presque pour elle-même. « Ils m'ont dit que ma rééducation serait longue et lente. Il y a des cicatrices que personne ne peut voir, des blessures qui ne guériront jamais. Mais je suis ici. Que pourrais-je demander de plus ? »

Sa voix s'est gravée dans mes os, et chaque cicatrice sur ma peau semble plus vive, plus à vif. Elle paraît intacte, et pourtant, les blessures qu'elle porte ont tracé une marque si profonde dans son âme qu'aucun œil ne pourrait la voir. Ses cicatrices sont cachées ; les miennes sont visibles. Nous sommes toutes deux des fragments d'un tout brisé, des morceaux qui ne s'assembleront plus jamais parfaitement.

Survie

Je tourne vers le couloir, mais elle murmure une dernière question, comme un défi : « Ça te démange ? » Son regard glisse sur les taches noires qui marquent mes bras. Je hoche la tête, parce que oui – ça démange. Les éclats me grattent sous l'épiderme, de petits rappels noirs d'un monde qui continue de s'accrocher à moi.

J'avance dans le couloir, chaque pas alourdi par les mots que j'ai entendus, par cette douleur qui s'infiltre en moi, insidieuse et tenace. Ce corridor semble interminable, bordé de portes derrière lesquelles d'autres vies brisées murmurent leur souffrance. Ici, il n'y a pas de silence véritable – l'air est chargé de voix étouffées, de confessions arrachées à l'obscurité. Les femmes parlent entre elles, à travers ces murs fragiles, dans des dialogues hachés, presque clandestins. Elles parlent comme si le simple fait de mettre des mots sur leur douleur pouvait conjurer son poids.

Je pose ma main sur une première porte, le froid du bois me traverse. Derrière, un rire flotte, brisé et fragile, aussitôt suivi par une voix lourde, tremblante, comme si chaque mot menaçait de se briser avant d'atteindre l'air.

« J'apportais des fleurs et un gâteau. » Une pause, longue et amère. « C'était l'anniversaire de ma mère – 75 ans, tu sais ? Que peut-on offrir d'autre à une vieille femme ? » Un rire sec suit, dénué de chaleur. « Ce matin-là, tout était calme. Trop calme. Puis, je l'ai entendu. » La voix devient plus aiguë, le ton brusquement tendu. « J'ai levé les yeux, et il était là. Le missile. »

Je ferme les yeux, comme si je pouvais ressentir ce moment à travers elle. Sa voix, détachée, comme si elle racontait une banalité, reprend. « J'ai levé la tête, et ensuite… le sol. Tout a disparu. Je me suis retrouvée par terre. Et puis, le silence. Ce silence après l'explosion, comme avant, mais pire. » Un souffle tremblant s'échappe, un cri retenu. « J'ai relevé la tête… et ma jambe n'était plus là. Partie. Complètement partie. »

Le silence qui suit est glacial, oppressant. Puis sa voix reprend, calme mais lourde d'un désespoir sans fond. « Une femme s'est approchée et m'a demandé : "Vous avez appelé une ambulance ?" Je l'ai regardée. Elle avait deux jambes. Moi, je n'en avais plus qu'une. »

Je m'appuie contre le mur, sentant son isolement me pénétrer. Chaque mot est une lame. « Ils m'ont sauvée. Mais pour quoi faire ? » Sa voix devient plus dure, presque métallique. « Pour être ça ? Une attraction, un spectacle ? Hier, ma sœur m'a emmenée dehors, et tous ces regards… Ils ne voyaient pas une femme. Ils voyaient un monstre. Une curiosité. »

Elle s'interrompt, puis, comme si elle devait vomir les mots pour se soulager, elle continue. « Ils me disent d'être reconnaissante. Reconnaissante pour quoi ? D'être en vie ? Ce n'est pas ça, la vie. C'est une mascarade. Hier, un photographe m'a prise en photo. Pour quoi ? "Histoires de défi", disent-ils. Mais moi, je ne veux pas être leur symbole. Je ne veux pas être leur leçon de résilience. Ils veulent nous immortaliser pour se sentir mieux chez eux, là-bas, à l'abri. Mais qu'ils regardent nos corps. Qu'ils regardent ce qu'ils ont laissé faire. »

Le silence tombe lourdement. Je sens son amertume s'incruster en moi. Mais avant que je ne parte, sa voix surgit à nouveau, presque un murmure. « Vous voyez, ils ont réussi à tout nous prendre – ma jambe, ma maison, ma ville maintenant aussi, ma paix – et pourtant, ils exigent encore quelque chose de plus. Ils veulent qu'on capitule, qu'on prétende que ce qui nous est arrivé n'est qu'un autre chapitre de notre "relation fraternelle", quelque chose que nous sommes censés endurer encore une fois. Je refuse de croire que notre souffrance était inévitable. »

Il y a une défiance ici, enfouie sous sa douleur, une étincelle qui refuse de s'éteindre. Je ferme les yeux, laissant ses mots s'imprégner, sentant le poids de son récit se fondre dans mes os. Il y a un noyau inflexible sous le chagrin – une dignité silencieuse et farouche qui refuse d'être étouffée. Et en reculant, sa voix demeure, comme gravée dans l'air, une présence qui reste bien après que je quitte cette pièce.

Je m'éloigne de la porte, mais sa voix reste accrochée à moi, un écho qui s'attarde dans l'air. Un peu plus loin, une autre porte s'ouvre sur des murmures – une autre histoire, un autre éclat de cette tapisserie brisée. Cette voix est différente, plus dure, plus rauque, brisée par une douleur qui semble irréversible. Celle-ci a aussi connu la captivité.

« Ils m'ont laissée sans eau, pendant des jours. Mon corps était si faible que j'ai commencé à voir des choses, à entendre des voix. » Elle marque une pause, et sa voix se brise légèrement avant de reprendre, plus ferme, comme une lame qui refuse de céder. « Et dans ce délire, j'ai fait une promesse : que si un jour je sortais de là, je ne serais plus jamais la même. Plus jamais cette femme qui courait sauver un oiseau tombé du nid, qui pleurait en regardant la souffrance des autres. Parce que cette femme-là, elle n'aurait pas survécu. »

Je ferme les yeux. Son ton est étrangement calme, presque détaché, comme si elle avait accepté cette transformation, comme si elle avait scellé cette perte irrévocable de celle qu'elle avait été.

« Ils m'ont donné le choix », dit-elle, sa voix maintenant grave et posée. « Devenir russe, prendre le passeport, ou souffrir sans fin. Et chaque jour, je choisissais de souffrir. Parce que devenir l'une d'entre eux était le pire, parce qu'abandonner mon pays dans ce temps de guerre, c'était pire que de mourir de soif, pire que ces nuits où les rats me mordaient pour se nourrir. Vous comprenez que l'abandon de votre pays n'est une trahison que lorsqu'il est attaqué de la sorte. Avant, pour être honnête, je ne me préoccupais pas beaucoup du patriotisme... Alors, j'ai appris à encaisser. À me durcir. À devenir ce qu'ils méprisaient : une ombre, insaisissable. J'ai appris à attraper les rats avec une serviette et à leur arracher la tête. »

Elle s'arrête, et sa voix s'adoucit encore, devenant presque imperceptible, comme un fil prêt à se rompre. « Parfois, je me demande si Dieu m'écoute encore. Si tout ça a un sens. » Une pause, plus lourde, presque insoutenable. « J'ai toujours cru en Dieu et la foi a toujours été importante pour moi. J'ai vécu pour être la meilleure personne possible. Mais en captivité, je me suis tellement éloignée de celle que j'étais. Je ne sais même plus si je pourrais la retrouver. Ou si je le voudrais. Mais je suis là. Et je respire. Je suppose que c'est déjà une victoire. »

Je laisse sa voix résonner en moi, une confession crue et poignante, le cri de quelqu'un qui s'accroche, même dans les ténèbres.

« Ils avaient tant de tactiques », dit-elle, sa voix vacillante mais tenace. « Chaque fois que j'allais à la douche, ils alignaient des détenus masculins... des animaux. Ils regardaient, ils riaient, ils m'insultaient, se masturbaient. C'était la seule douche que j'avais le droit de prendre. Ils m'ont tout fait là-bas. »

Sa voix s'éteint, douloureuse comme une plaie ouverte, plus profonde que toute cicatrice visible. « Je me suis accrochée à Dieu », dit-elle, presque pour elle-même, « parce qu'Il était la seule voix dans cette obscurité. Je Lui parlais, je Le défiais, je Le maudissais. Je Lui demandais des réponses que je savais ne jamais venir. Mais même cela m'a sauvée, d'une certaine manière. Ça m'a empêchée de sombrer complètement dans la solitude. » Sa voix tremble, chargée d'un désespoir mêlé d'un fragile espoir. « En captivité, je me demandais sans cesse pourquoi... pourquoi Dieu, en qui j'avais une foi si ferme, m'avait laissée traverser cela. Ma foi n'était-elle pas suffisante ? »

Sa voix vacille, et sans réfléchir, je murmure doucement à travers la porte entrouverte : « Peut-être que ça n'a jamais été une question de foi. » Mais elle ne m'entend pas, ou peut-être fait-elle semblant de ne pas entendre. Sa confession continue, implacable, comme si rien ne pouvait l'arrêter maintenant. « J'ai fini par croire qu'Il me testait », dit-elle, s'accrochant à cette idée comme à une bouée. « Il testait ma foi, ma force. Pourquoi quelqu'un d'autre aurait-Il laissé cela arriver ? » Elle hésite, et je l'imagine derrière cette porte, son visage tiré, blême, alourdi par le poids de cette question. « Mais le pire... le pire, c'est quand j'ai commencé à les croire. » Sa voix s'étrangle un instant, puis revient, plus posée, plus amère. « J'ai accepté l'image de moi qu'ils avaient créée. "Je suis une *zechka*[35]", je me disais – comme ils m'appelaient. Une "nazie ukrainienne", disaient-ils, alors que je ne parlais même pas ukrainien à l'époque. Ils disaient que si je ne prenais pas leur passeport, je resterais *zechka* toute ma vie. Et un jour, je les ai crus. »

Je retiens mon souffle, sentant mon cœur se serrer pour elle et pour tous les morceaux d'elle-même qu'elle a dû abandonner pour survivre. Sa voix revient, plus stable maintenant, comme si elle rassemblait les fragments éparpillés de son identité à travers ses mots. « Avant 2014, je ne m'étais jamais posé la question de ce que ça voulait dire d'être ukrainienne. À Marioupol, ce n'était pas une réflexion qu'on se permettait. Être ukrainienne, c'était comme être d'un endroit sur une carte. Mais quand la Russie a attaqué, tout a changé. Ce que ma grand-mère me racontait, ces vieilles histoires de famines et de purges, de générations brisées – tout ça, ça m'est revenu comme une gifle. Tout ce qu'on nous avait pris, tout ce qu'on nous avait interdit d'être, prenait un sens. Ce n'étaient plus des contes. C'était notre histoire, celle qu'on portait sans même le savoir, elle revenait avec une clarté brutale. »

Je respire profondément, sentant l'angoisse s'installer dans ma poitrine alors que ses mots s'imprègnent dans le silence. J'ai peur d'en entendre davantage, mais je ne peux m'empêcher d'écouter. Les voix semblent venir de partout – douces, fragiles, brisées, défiantes,

[35] Un mot russe péjoratif utilisé pour désigner une détenue, souvent dans le contexte des camps de travail soviétiques (goulag).

en colère. Je passe devant chaque porte, m'arrêtant enfin devant la dernière de ce long couloir. Quelque chose dans cette voix, presque éteinte, m'attire. Une douleur d'une autre nature s'y accroche, lourde et inexorable. Je me penche en avant, tendant l'oreille.

« Ils étaient partout », commence-t-elle d'une voix si faible que je dois me concentrer pour capter chaque mot. « Ils ont envahi notre village, des tanks et des soldats, bruyants et insouciants. On restait à l'intérieur, pensant que ça nous protégerait. Mais ça n'a rien changé. Ils venaient par groupes de quatre, cinq, allant de maison en maison. S'ils trouvaient un homme, ils le tuaient. Et puis, ils prenaient… ils prenaient ce qu'ils voulaient. Nos corps. »

Sa voix se brise, et une boule se forme dans ma gorge. Elle continue, comme si chaque mot était une épreuve.

« Ils ont d'abord tué nos deux chats. Deux coups de feu. Je les ai entendus depuis l'intérieur. J'ai su alors. » Sa voix se tend, vidée. « Mon mari et moi, on a levé les mains, on leur a dit : "Nous sommes pacifiques. Nous avons un enfant. Prenez ce que vous voulez, mais ne nous faites pas de mal." »

Un rire creux s'échappe de ses lèvres. « L'un d'eux a dit : "Merci pour l'offre." Puis il est entré. »

Sa voix tremble, mais elle continue, fragile mais inébranlable. « Ils ont tenu mon mari, un pistolet contre la tempe, un couteau à la gorge. L'un d'eux est venu vers moi, a pointé son arme sur ma tête et m'a ordonné de me déshabiller. Ils riaient, plaisantaient entre eux comme si c'était un jeu. "Combien peut-elle en supporter ?" a demandé l'un d'eux à mon mari. »

Ses mots tremblent, suspendus par un fil. « Ils… ils ont pris leur tour. Tous. Mon mari s'est débattu, alors ils lui ont tranché la gorge en disant : "Tout cela appartient à la Russie maintenant." J'ai essayé de… de m'échapper dans ma tête, de faire comme si ce n'était pas mon corps, comme si j'étais ailleurs. Mais mon fils… il hurlait, il pleurait. Je l'entendais. Ils ont pris mon mari et m'ont dit qu'ils reviendraient. »

Je presse ma main contre ma bouche, retenant des larmes brûlantes. Sa voix est un fil ténu entre nous, fragile mais impossible à rompre.

« Maintenant, mon fils dit à tout le monde que son père est resté là-bas, pour protéger notre maison des méchants. C'est ce qu'il croit, que son père est toujours là, en train de nous défendre. » Sa voix s'adoucit, et ses mots tombent comme des ombres légères. « Je ne peux pas lui dire. Je ne peux pas lui dire ce qu'ils nous ont fait. Et s'il se souvient un jour ? Moi, je peux porter ça. Je ne suis reconnaissante que du fait qu'ils n'aient pas touché mon fils. »

Elle inspire profondément, et sa voix se raffermit, chargée d'une force terrible. « Ils pensent qu'ils peuvent tout prendre », dit-elle en ouvrant la porte devant moi, avançant sans me voir, déterminée, comme portée par une force invincible. « Ils veulent nos maisons, nos vies, nos corps, comme ils prennent notre terre, mais le chernozem – ce n'est pas juste de la terre. C'est nous. »

Ses mots flottent, denses et lourds, recouvrant les murs comme un linceul. Je sens le besoin de dire quelque chose – n'importe quoi. Mais je reste silencieuse, consciente que chaque histoire ici me traverse, fait partie de moi, de nous toutes. Leur douleur, leur résistance, sont mon histoire. Et moi, je suis la leur.

Souffle

Je continue de marcher dans le couloir, croisant des femmes qui sortent de leur chambre. Leur visage porte les marques de jours et de nuits d'horreur, mais aussi d'une force qui refuse de céder. Chaque pas qu'elles font est un acte de défi silencieux, un refus de disparaître. À travers leurs gestes, je vois des fragments de tout ce qu'elles ont perdu, mais aussi de tout ce qu'elles tiennent encore.

Et c'est alors que je l'aperçois. Solomiya. Ma mère et ma sœur sont avec elle. Elles sont revenues me rendre visite.

Elle danse au centre du couloir, légère et insouciante, comme si la guerre ne pouvait pas atteindre cet espace qu'elle illumine de sa présence. Sa petite *vyshyvanka*[36] brille de couleurs, rouge et noir, vibrante comme une flamme vivante dans ce lieu d'ombres et de douleurs. Chaque broderie semble porter en elle des fragments de notre terre, de nos ancêtres, de batailles gagnées et perdues, de chants qui ont traversé les âges. Cette robe, si petite, contient toute l'immensité de ce que nous sommes.

Les patientes s'arrêtent. Elles la regardent, et leurs visages, marqués par l'épuisement, s'adoucissent. Quelque chose s'éveille en elles, quelque chose qu'elles pensaient peut-être mort – une étincelle, une chaleur ténue. Le silence dans le couloir s'épaissit, mais ce n'est pas le silence de la tristesse. C'est celui d'une solidarité. Une attention profonde, presque sacrée.

Solomiya tourne sur elle-même, ses bras grands ouverts, insouciante de tout sauf du moment présent. Une femme murmure, presque imperceptiblement : « Oui, ils pensent qu'ils peuvent tout nous prendre. » Une autre hoche la tête, ses lèvres formant des mots qui restent suspendus dans l'air : « Mais regarde cette fille, on est encore là. »

Elles ne disent rien de plus. Elles n'ont pas besoin de parler davantage. Dans ce couloir, sous cette lumière froide, elles se comprennent, nous sommes liées par quelque chose que ni la guerre, ni la douleur, ni même la mort ne peuvent briser. Pour tant d'autres, l'Ukraine n'est qu'un mot – un nom glissé dans les journaux, un chapitre d'histoire qu'ils survolent. Mais pour nous, c'est une brûlure vivante, un poids dans la poitrine.

Solomiya danse, légère dans sa petite robe brodée, ses bras grands ouverts comme pour embrasser ce couloir. Sa voix, claire mais fragile, s'élève au milieu des visages marqués de toutes ces femmes.

[36] La *vyshyvanka* est une chemise brodée traditionnelle ukrainienne, souvent ornée de motifs complexes symbolisant la fierté culturelle, la résilience et l'identité nationale. Chaque région d'Ukraine a ses propres motifs, les motifs rouges et noirs étant particulièrement symboliques.

Elles la regardent, immobiles, prises dans ce chant comme dans un courant qui les tire vers un rivage qu'elles avaient presque oublié.

А ми тую червону калину підіймемо…
Et nous relèverons ce sorbier rouge…
І ми нашу славну Україну, гей-гей, розвеселимо.
Et notre belle Ukraine, hey hey, nous la raviverons.

Les paroles flottent dans l'air, simples et anciennes, mais elles sont tout sauf fragiles. Elles s'incrustent dans les murs, dans la poussière, dans les corps usés qui les écoutent. Ces mots portent une vérité indélébile : nous sommes toujours là.

Nous sommes la nation à qui ils ont donné trois jours pour disparaître. Trois jours pour tomber, pour céder, pour être effacés. Mais nous sommes la nation qui danse et qui continue de chanter parmi les ruines. Nous sommes la nation qui tient un fusil avec des mains remplacées par du titane. Nous sommes la nation qui porte sous sa peau des éclats d'acier, mais ne se plie pas. Nous sommes la nation qui relèvera ce sorbier rouge et ravivera l'Ukraine, encore et encore.

Je sens une main sur mon épaule. Ma mère. Elle ne dit rien, mais elle me tend le sac que je lui ai demandé d'apporter. Mon uniforme, fraîchement lavé, impeccablement plié, repose à l'intérieur. Elle sait, tout comme moi, ce que cela signifie. Je le prends, mes doigts s'attardant sur le tissu, reconnaissant et lourd à la fois. C'est une seconde peau, une part de moi qui me rappelle que cette guerre n'est pas terminée. Je regarde dans les yeux de ma mère, et elle hoche imperceptiblement la tête. Ma sœur me regarde en souriant, comme si tout avait déjà été dit.

Solomiya s'arrête de tourner et me fixe, le souffle court, mais son regard ne vacille pas. Elle court vers moi en riant, et je la soulève, ses petits bras battant l'air comme pour voler. Ma vue se brouille – des larmes de douleur, de joie et de certitude. Ce qu'ils détruisent, nous le reconstruisons. Ce qu'ils volent, nous le recréons. Ce qu'ils tuent, nous le portons dans nos chants, nos histoires, nos souvenirs.

Tant qu'il reste un souffle en nous, une voix de nous, nous ne serons jamais vaincus.

Nous sommes toujours là. Cette guerre nous a rappelé ce que nous avions oublié : nous sommes le souffle et la terre, le sang et l'espoir, le combat et le chant. Tant qu'une voix chantera, tant qu'une enfant tournera sur elle-même dans une danse insouciante, tant que le chernozem de cette terre continuera de nourrir nos racines, nous ne disparaîtrons pas.

REMERCIEMENTS

Aux éditions *des femmes*-Antoinette Fouque, pour leur soutien indéfectible. À Élisabeth Nicoli, Christine Villeneuve et Sylvina Boissonnas, pour votre solidarité inestimable et votre transmission précieuse.

À Coco, pour ton talent unique, ta force tranquille qui m'inspire, et pour cette illustration magnifique qui enrichit ces pages. C'est un immense honneur de t'avoir à mes côtés.

Au Superhumans Center de Lviv, pour m'avoir ouvert vos portes et permis de témoigner d'exemples bouleversants de résilience humaine. Merci pour votre travail extraordinaire dans la reconstruction des Ukrainiens.

Au Марш жінок (Marche des femmes) de Kyiv, pour m'avoir accueillie avec tant de générosité, pour les échanges profonds, et pour m'avoir donné l'occasion d'écouter vos voix et de témoigner de votre travail essentiel auprès des femmes au front.

À Oleksandra Matviichuk, lauréate du prix Nobel de la paix, pour notre conversation essentielle et pour avoir partagé avec moi les preuves accablantes des crimes de guerre commis par les forces russes. Votre engagement à défendre la vérité est une source d'inspiration profonde.

À l'Union des Ukrainiens de France, pour leurs protestations infatigables et leurs efforts incessants pour éveiller les consciences sur l'Ukraine en France. Et particulièrement à Volodymyr Kogutyak, pour votre soutien à mon projet de ce livre.

À FEMEN, le mouvement qui, dans toutes ses transformations, de l'Ukraine jusqu'au reste du monde, reste pour moi une source inépuisable de solidarité féminine et de pouvoir collectif. Je remercierai toujours FEMEN pour tout ce que j'ai appris de résistance.

Et enfin, à vous, les lecteurs, pour avoir choisi d'ouvrir ce livre, pour réduire la distance entre vous et l'Ukraine, les femmes ukrainiennes – ces femmes qui affrontent les plus grands défis de notre époque. Merci pour votre volonté d'écouter et de vous rapprocher. Vos yeux sur ces pages prolongent leurs récits, leur voix et leur résistance, les portant au-delà des frontières.

TABLE DES MATIÈRES

DE LA MÊME AUTRICE

***des femmes*-Antoinette Fouque**

FEMEN, *Rébellion*, 2017

Collectif, *Accueillir l'autre : L'Hospitalité charnelle*, 2017

Collectif, *Poète… vos papiers !*, 2017

Collectif, *Cours petite fille !*, 2019

Seuil

Inna Shevchenko et Pauline Hillier, *Anatomie de l'oppression*, 2017

Les Échappés

Héroïques : Amazones, pécheresses, révolutionnaires, 2019

Futuropolis

Thomas Azuelos, Inna Shevchenko et Simon Rochepeau, *Prénom : Inna*, tome 1 : *Une enfance ukrainienne*, 2020

Thomas Azuelos, Inna Shevchenko et Simon Rochepeau, *Prénom : Inna*, tome 2 : *La Naissance d'une Femen*, 2021

Achevé d'imprimer en janvier 2025 par Corlet Imprimeur - 14110 Condé-en-Normandie
Dépôt légal : janvier 2025 - N° d'imprimeur : 24121030 - Imprimé en France